AQUARIUS

AQUARIUS

AQUARIUS

AQUARIUS

Catcher

一如《麥田捕手》的主角，
我們站在危險的崖邊，
抓住每一個跑向懸崖的孩子。
Catcher，是對孩子的一生守護。

王意中心理師

資優生教養的頭痛問題

【推薦序】理解資優生的心路歷程

文◎游森棚教授

●游森棚教授：國立台灣師範大學數學系教授，台北市資優教育評鑑委員、台北市資優教育鑑輔委員，並為我國參加美國英特爾（Intel）國際科展輔導教授、教育部奧林匹亞工作小組委員等。曾任台北市資優教育白皮書編定委員、我國參加國際數學奧林匹亞競賽領隊，並曾擔任建國中學數理資優班導師。著有《我的資優班》一書。

讀者手中的這本書，我樂意推薦給所有的教師與家有資優生的家長。

這本書談了三個主要方向：資優生的情緒、資優生的情意特質，以及親師與資優生如何互動溝通。

但在繼續推薦之前，我想先談一下「資優」這兩個字。

資優生教養的頭痛問題

「資優」（gifted）是一個有明確意義的學術專有名詞。但是在台灣，「資優」二字幾乎已經成為各說各話的解讀。不少師生、家長、一般大眾，甚至未接觸到相關理論的教育界人士及學界人士，都對「資優」一詞有相當的迷思。

我們看看底下幾個刻板印象。這些對話場景常常出現在家長之間、教師之間、同儕之間或媒體上：

1.「他是資優生啊，功課一定很好。」

2.「這小孩一直考前幾名，真是資優。」

3.「我讓兒子來補習，看看會不會變成資優。」

4.「連這個都不會，算什麼資優生？」

5.「反正資優生天生就會不是嗎？」

6.「他不是資優嗎？怎麼問題一大堆？」

但是以上幾句話都是錯的。資優生一定功課好嗎？錯。功課好一定是資優生嗎？錯。去補習可以變成資優生嗎？錯。資優生樣樣都會？錯。資優生天生就會，不需要努力？錯。資優生用不著別人操心？錯。

讓我用跑一百公尺來形容資優。有些人「天生」就是跑得比較快（不是嗎?!），這就是資優。但是，一百公尺跑很快不一定游泳就很行啊！最重要的，如果沒有好好地栽培或好好地努力，就只能吃老本，最終浪費了天賦。波特（Usain Bolt）天生跑得很快是一回事，但如果沒有經過大量的科學訓練和自身努力，他哪有可能破一百、二百、四百的世界紀錄呢？**（編按：牙買加短跑運動選手波特，是男子一百公尺、二百公尺及四百公尺接力賽的世界紀錄保持人。）**

因此，如果我們手上有一個未經琢磨的天生短跑奇才，那要怎麼讓他發光發熱、發揮最大潛能，就是一個大學問了。

相信經過這樣的比喻，讀者應該可以體會資優教育是一個嚴肅的議題。因為「教育」比起已經夠困難、夠專業的短跑訓練，更是複雜了千百倍。

資優教育的目的，就是希望讓學生最終能發揮他的天賦，不僅實現自我，更能對社會有貢獻。

我們必須要承認，推動社會或世界大改變或者大進步的，其實是少數人。因此，資優教育是一個龐大而專業的議題。幾個重要的面向中，包含了資優生的

資優生教養的頭痛問題

「情意」面向，這包括了資優生的心理、心路歷程、情緒、教養等等，本身就是一個巨大的課題。

於是就回到讀者手上的這本書了。這本書聚焦討論情意面向上的幾個重要的點：情意特質、情緒管理與人際互動。

雖然資優生形形色色，不能一概而論，但是，還是有一些共同的特質。不少資優生在成長的過程中會意識到自己「與眾不同」，這樣的心情有時是很希望有出口，希望有人可以了解的。

本書藉由一些故事情境，引入每個子題，傳達想與親師分享的觀念，或者是情緒的特質，或者是互動的技巧等。全書對於資優學生的情意需求有詳細的介紹，對於資優生常常出現的情緒與心情亦有生動的描述。我相信家長在面對家有資優生的不知所措時，這本書會給家長一個好的指引方向與正加強。

但如同呵護植物的生長，除了在成長的過程中希望能順順利利沒有病蟲害，更重要的是，如何能提供環境和資源，使它能長得好。

資優生的教育亦然。本書未觸及的另一個資優教育的重要面向是「如何營造環境，讓資優學生盡情發展」。然而，這不只牽涉到資優生的認知需求與學習需求，更牽涉到整個教育現場，是另外一個龐大的專業議題，就有待大家共同努力。

但無論如何，希望這本書可以破除一些關於資優的迷思，讓家長對資優教育的觀念更正確，也讓家長更關心真正的資優教育。因為，只有真正的資優教育，才能幫助到有天賦的孩子。

目錄

【推薦序】理解資優生的心路歷程　文◎游森棚教授　009

【寫在前面】從資優的七大特質談起——求知、完美、專注、理解、好問、敏感、人際　020

第一部
驅散不合理的壓力源
——提升挫折忍受力及情緒管理力

資優生不是應該什麼都會嗎？
——讓天賦自由，從破解迷思開始　028

資優生教養的
頭痛問題

資優生都那麼完美主義嗎？
——以「漸層」獲取緩衝的機會　034

資優生都那麼在意輸贏嗎？
——布下安全網，化解得失心　043

明明是資優生，怎麼考得那麼差？
——資優並不是績優　053

資優生因成績落後而深受打擊，怎麼辦？
——重新定義「領先群」　061

資優生都那麼敏感嗎？
——少批判，引導孩子把情緒說出口　070

一遇到挫折，資優生就容易抓狂？
——教孩子學習合理地對待自己　079

資優生陷入了憂鬱黑洞，怎麼辦？
——首先，閉上嘴，靜靜地陪伴　087

目錄

如何避免資優生自我傷害？
——多分享，少說理；多分享，少要求　096

如何幫助資優生做好壓力調適？
——幽默是面對壓力時的強心針　106

第二部
建立平衡的關係網
——提升自我概念力及人際互動力

資優，讓孩子自我懷疑？
——教孩子從喜歡自己開始，接納自己　118

資優生很難交到知心好友？
——從聊天中探知孩子的交友狀況　127

資優生教養的頭痛問題

資優生的幽默，別人很難懂？
——學習在適當的時機，說適當的話 138
同學利用資優生代做功課？
——協助孩子思考人際關係的界線 146
資優生都這樣問個沒完嗎？
——學會把問題寫下來，寧靜提問 155
遇到對資優生帶有偏見的嘲諷，怎麼辦？
——更要讓自己好好過 164
資優生否定自己，怎麼辦？
——我們是孩子的「重要他人」 176
資優，反而讓孩子自卑？
——釐清資優生可能伴有的「學習障礙」 186
藝術與創意也是一種資優嗎？
——看見孩子天賦裡的「不一樣」 194

目錄

第三部

專注於孩子的本質

——提升親職教養力及親師溝通力

補習，能讓孩子變成資優生嗎？
——資優是無法「培養」的 202

資優生的時間永遠不夠用，怎麼辦？
——畫出時間管理「田」字格 209

原來資優生都這樣？
——不要以偏概全，過度放大資優議題 222

孩子不想再上資優班了，怎麼辦？
——孩子有屬於他的適當位置 228

家有資優兒，該不該讓他跳級？
——傾聽孩子所要，而非父母想要 234

家有資優兒，如何協調手足溝通？
——「資優生」三個字，別常說 242

資優生教養的
頭痛問題

家有資優兒，如何做好親師溝通？
——從同理老師的壓力開始 250
老師被資優生「踢館」，怎麼辦？
——從欣賞孩子的好奇心開始 260
是資優？還是注意力缺陷過動症？
——六大方向初步做出分辨 266
是資優？還是亞斯伯格症？
——五大原則認識孩子的獨特 277
【結語】父母不資優，怎麼教養資優兒？——「陪伴」是最重要的教養 286
【附錄】國內的資優生相關法規參考 296

資優生教養的頭痛問題

【寫在前面】
從資優的七大特質談起
求知、完美、專注、理解、好問、敏感、人際

每個資優生都是獨立的個體，沒有兩個人是一模一樣的。這一點，無庸置疑。然而，在資優的孩子身上，也具備了一些普遍且類似的特質，我們可以從這七點談起：求知欲、對完美的要求、專注力、理解力、表達與提問能力、超敏感情緒，以及人際關係的處理。

當然，以下所列舉的特質，並不一定出現在所有資優生身上。因此，請勿以偏概全，一概而論。

超強烈的求知欲

對於知識的學習，資優的孩子總是充滿強烈動機與熱烈情感，特點是學習速度快，記憶力強，能適時、正確地提取對方所需要的答案並回應。

資優生喜歡追根究柢，探究事物的根源。一旦開始做一件事，就會堅持把它完成，遇到了問題也非想辦法解決不可，並且樂此不疲。

他們並不期待所謂的「標準答案」。既定的答案，往往讓資優生覺得無趣。重複、機械性、填鴨式、背誦的事物，也容易使他們感到索然無味。

強烈的求知欲，往往讓這群孩子急於想要知道、探究、解決、掌握眼前未知的問題，因而，總是拋出看似天馬行空的疑問。大部分時候，這一點往往也使他們疏忽了旁人當下可能在進行別的事情，而被視為是衝動、打斷、干擾、不尊重對方，遭受誤解。

近乎完美的自我期許

資優生對於自我要求，傾向於晶瑩剔透、完美無瑕，較無法容忍錯誤、失敗，不允許自己有任何缺點或瑕疵。對於自我表現常有高度的、甚至不合理的期待，並且具備使命必達的決心與毅力。

他們對於目標設定明確，往往很清楚自己要做什麼，並且能堅持往目標挺進。對自己的能力充滿自信、自豪與自傲。

儘管如此，資優生也容易有自我否定的情況。面對強勁的競爭對手，資優的孩子相對地須具備較高的挫折忍受力，以免抗壓性太過脆弱易碎，而出現逃避、放棄的情形。

高品質的專注力

有資優特質的人，通常具備良好的「集中性注意力」、維持長時間專心的「持續性注意力」，以及能不受外在不相關刺激干擾的極佳「選擇性注意力」。而在不同活動之間的轉換上，常能無縫接軌、順利切換，「轉換性注意力」牢不可破。有些

資優生甚至還擁有很好的「分散性注意力」，能在同一時間同步進行兩、三件事情。

資優生對於感興趣的事物，可以很快投入其中。然而，當內容不符合自己的胃口時，則明顯反映出排斥與拒絕的現象。喜好與厭惡，涇渭分明，不容他人勉強自己、強迫自己去注意與嘗試。

超細膩的理解力

資優生對於事物的理解細膩，看待事情較為深入與寬廣，往往能夠很清楚地發現事物的真相，而非僅止於表面所反映的訊息而已。

此外，他們可以很快地找到事物彼此之間的關係，以及這些事物對自己的意義。但有時，也容易將自己與事物進行「過度」連結，認為那些事物都跟自己有切身關係，因而感到苦惱。

雖然資優的孩子擁有豐富的知識與學問，但相對地，在實際生活上的體驗卻相對較薄弱。這種「知識庫」與「經驗值」之間的落差，往往也成為資優生的壓力源，尤其是對於極為複雜的人性與生命課題的思考，容易使他們陷入其中，產生困惑。

資優生教養的頭痛問題

善於表達與愛發問

資優生善於表達自己對事物的看法，能夠充分使用豐富、艱澀而精準的語句、詞彙、典故或金句，同時，具備完善的組織、歸納、分析與邏輯推理等能力。

然而，他們也容易耐不住性子，急於反映出心中的想法，而忽略當下的情境到底適不適合。

批判性的思維能力也是資優特質之一，特別是與自己看法不一致時，他們易拋出問題，甚至挑戰權威而不畏懼。只是，這樣的態度，卻容易在班上被視為是對立、反抗。

超敏感的情緒反應

資優生的情緒敏感與起伏狀態很明顯，甚至於容易表現出過度激動的現象。情緒常動輒得咎，反應強烈。

雖然敏感本身沒有好壞，但是，當「敏感」遇上了孩子的「過度解釋」，特別是往負面的胡同裡鑽牛角尖時，則容易使自己陷入情緒的風暴與泥淖裡。

資優的孩子較能夠辨別自己當下是處在哪一種情緒，然而，在情緒控制及想法的轉念上，他們是需要協助的。

人際收放與調適的兩極處理

資優生對於周遭的一切常充滿著熱烈的情感。影響所及，面對人際相處，如果遇到了知己或能力相當的夥伴，就有機會相互合作；但在知音難尋的情況下，他們也能耐得住，而一個人埋頭苦幹。

對於人與人之間的關係，他們很敏感，能有效地察言觀色，感受對方所要傳達的訊息及情緒反應。

資優生通常是有幽默感，並且熱愛分享的。不過，有時候會因傾向於「想講自己要說的」，而忽略了對方的需求，及對方所能負荷、理解的程度，所說的內容太過深奧，曲高和寡，因而容易被一般同儕視為愛現，覺得他們自以為是。

波蘭精神科醫師卡齊米日．東布羅夫斯基（Kasimierz Dabrowski）曾提出一個

資優生教養的頭痛問題

「過度激動特質」（overexcitabilities）的概念，包括智能、情緒、想像、感官及心理動作等。在資優的孩子身上，很容易發現其中一、兩項或幾項不同特質的排列組合。

當我們對於孩子的身心特質有了概念，在教養上，面對孩子的表現，也就比較容易給予合理的對待。至少可以肯定一件事：孩子的表現並不是故意的。更重要的是，提醒了我們在陪伴資優孩子的成長過程中，是否忽略了孩子心裡隱微的問題，卻不自知。

這些特質雖然沒有好壞，但是會視每個資優生的不同情況，深刻地影響孩子在生活中、學習及人際、情感上，產生不同的反應。

目前在校園裡，國小、國中是採取分散式資優資源班，高中則採取集中式資優班。面對不同年齡層的孩子，我們所需要關注的焦點將會不一樣。例如：國小、國中資優生的壓力源，大部分來自於和原班級裡，與一般同學的人際相處及互動；而高中資優生的壓力源，主要則來自於資優班內部的同儕競爭、比較、課業負擔，以及周遭他人的高度期待。

因此，建議父母特別留意，孩子在不同階段所面臨的成長挑戰。

第一部

驅散不合理的壓力源

——提升挫折忍受力及情緒管理力

資優生不是應該什麼都會嗎？

讓天賦自由，從破解迷思開始

「你瞧，前面那個文湧是我的國中同學。」下課時的擁擠走廊上，小霖指著人群中的一個熟悉身影對死黨阿棋說：「人家可是資優生耶！你看看他們那一掛的，走起路來多麼有風。」

阿棋察覺到小霖話裡的又羨又妒，故意糗他：「那你怎麼不過去打招呼？也讓我沾個光啊！只會躲在人家背後。」見小霖被說中心聲的窘樣，阿棋再補上一槍：「你臉紅個什麼勁啊！」

小霖說：「拜託，他是資優生耶！成績讓人望塵莫及，光芒那麼耀眼，我算什麼咖？」

「你的意思是說，他的成績太好，就像你在黑暗中看手機一樣，強光照得太亮了，令你不敢直視？」阿棋有些不以為然地說。

見文湧的身影逐漸消失在走廊盡頭，小霖下意識地吞了吞口水，複雜的感受湧上心頭。

以前就覺得文湧遙不可及，現在上同一所高中，他更覺得念數理資優班的文湧像來自另一個智慧星球的人。而自己呢？只是個會用智慧型手機的平凡地球學生。

「阿棋，你不覺得資優生好神嗎？我想，被稱做資優的應該都是天才吧！以前我們班上很多人都這麼認為。」

小霖竭力強調文湧有多厲害，想要喚起阿棋對資優生的敬畏，這樣一來，或許能讓自己的自卑感稍獲安慰吧！在他的腦海裡，浮現出過去班上同學們對於文湧的讚嘆。

「比如說數學解題啊，他差不多只要掐指一算，答案就出來了。而且他反應超快，簡直就是神回應！每次他問老師問題都好有深度，雖然有時聽不懂他在問什麼，有點討厭，但很佩服他有幾次差點把老師給考倒。還有他說話會引經據典，信手拈來都是金句！」

大家直覺以為資優就應該什麼都會，對於資優生有著無限美好的想像，小霖也很自然地這麼認為。

「我們都相信他一定是過目不忘，擁有超強記憶力，就像裝了二十四小時不斷電的行車記錄器一樣，能鉅細靡遺地把看到的所有事物都記錄下來。他那顆金頭腦簡直媲美Google雲端資料庫！只要輸入關鍵字，立刻能提取……」

每當聊到這位「聰明一哥」，同學們總是把他捧得像神一樣無所不能。小霖就像背書一樣熟練地告訴阿棋這些「神蹟」。

只見阿棋聽得眼睛愈瞪愈大，他張大了嘴巴，半信半疑地說：「真的還假的？資優生真的這麼天才，什麼都會？你不是在開玩笑吧？」

小霖回答：「我才不是開玩笑。大家都這麼認為啊！」

資優生不是應該什麼都會嗎？

資優生教養的「心」解答

別忽視「應該」的暗黑破壞力

聰明、天才、什麼都會、能力強……我們的社會長期以來都把資優這種特質神化了。每當提到某個孩子是資優生，家長、老師或同學在羨慕之餘，往往也就很「直覺」地認為那是遙不可及的，如同遠在天邊閃爍的那顆亮眼星星。

於是，順著這樣的「直覺」，孩子的能力「自然而然」被高估了，也讓大家有種普遍的誤解，以為他們「應該」要有超越水準的好表現、「應該」無所不能，卻忽略了，這頂「應該」的大帽子硬扣給孩子的自我暗示或要求，將對他們內心產生多可怕的破壞力！

孩子需要我們的理解與支持，為此，我們更是必須合理地提醒自己：**所謂的資**

資優生教養的頭痛問題

優，並不是指所有能力都是頂級的，當然，也不保證考試成績都一定最亮眼。

很抱歉，你「直覺」所認為的那種資優生並不存在，那只出現在大家不切實際的想像裡。事實上，再怎麼天資過人的孩子，也並不全然每一科都擅長。有人在數理領域享優勢，有人語文能力突出，有人擅長音樂，有人則是美術天分勝出。

資優是一種心靈、思考、反應、學習等的突出特質，並非一切表現都美好的絕對保證。

不要強迫套入框架

對於有天分、有才華的孩子，我們特別容易給他們套上一個堅硬的框架，認為他們既然這麼傑出，自然應該會做什麼、成為什麼。這樣的期待就像一種耐燒的烤模，孩子被放了進去，窰烤成大人所預期的形狀或模樣。

但是事實上，資優生很難隨著你的期待而一體成型。

看待眼前的寶貝，我們要常常提醒自己：孩子有他獨立的人格，有他特殊的才

能與天賦。這群孩子很難被你強迫塞入框架裡，硬要他如何如何。

我們所能做的，就是順應著他的天賦、他的才能、他的想法與他的意願，同時，看見他的特殊需求，滿足他的特殊需求。

過濾掉不合理的期待

許多人都有同樣的迷思，以為沒有任何事情難得倒資優的孩子，因為「他那麼聰明」。也因此**有時候，我們會錯誤地賦予過度期待**，這點在考試時最常出現，誤以為資優就代表每一科都會考得很好。這種不合理的期待，把資優生神化了，讓這些孩子得背負一些莫須有的眼光、評論與壓力。

就從我們自己開始，停止製造這些不合理的期待吧！跳脫迷思，看見孩子真實的喜怒哀樂，避免不合理的期待像病毒一般地擴散，才能幫助孩子真正享有「資優」（gifted）這份珍貴的天賦禮物。

資優生都那麼完美主義嗎？

以「漸層」獲取緩衝的機會

那一晚，世偉跟爸媽一起去看電影《進擊的鼓手》。當劇情進行到薛佛學院爵士樂團中，無所不用其極的魔鬼教師佛列契對弟子安德魯的極度苛刻要求時，世偉的爸媽不禁打個哆嗦，交換了眼神，接著，眼角餘光掃向一旁面無表情地專注盯著銀幕的世偉。夫妻倆納悶地想著：「這孩子到底在想什麼？」

「專注完美，近乎苛求」，這句經典廣告詞，總是使他們聯想到世偉在音樂上的自我要求。

其實，當初他們對於兒子是否讀音樂資優班就有些掙扎。論能力，世偉沒話說，從小在鋼琴上的造詣與天賦，旁人實在無可企及。但是，他們擔心在音樂資優班裡，面對同學之間彼此琴藝的較勁，恐怕會更加重兒子過度的自我要求。

更何況在音樂資優班裡，他不只對音樂要求完美，在學科方面也不想要落後。這種雙重壓力，實在令人無法喘息。

追求完美不是壞事，但就怕孩子負荷不了那份壓力。

隨著全國鋼琴獨奏比賽的日期漸漸逼近，世偉過度追求完美的傾向似乎也愈來愈嚴重。他們忍不住懷疑：當初讓孩子讀音樂資優班的決定，是對的嗎？

從琴房不間斷地傳來世偉彈奏鋼琴的旋律。媽媽發現，他一再反覆又反覆地彈奏著同一首曲子，甚至帶有情緒性地用力按壓琴鍵，發出的劇烈聲響，讓人耳朵感到極度不舒服。

她朝琴房探了探頭，只見兒子一臉懊惱又失落的表情，並隱約看到黑白琴鍵上，沾了些世偉指尖上的血跡！這畫面讓她一時大受驚嚇，心想：「我的孩子怎麼會變成這樣？」

她不動聲色，小心翼翼地說：「世偉啊，你先休息一下，今天就先練習到這裡好了。」世偉彷彿沒聽到這個停止的暗示，依然故我地專注彈奏，一直彈，一直彈，但是表情顯得相當痛苦，鮮血繼續從雙手指尖滲出……

「世偉，媽媽覺得你已經彈得很好了，真的是完美無瑕。你就別再苛求自己了！」這是母親的真心話，但孩子依然不買帳。面對世偉的高度自我要求，媽媽實在不知道該如何是好。

他這樣力求好表現的態度，讓媽媽不禁想到《進擊的鼓手》中，佛列契那段值得思考的話：「在英語裡，沒有什麼比『做得好』更具殺傷力的字眼了。」

的確，每個人的標準並不一樣，對於完美的追求也不盡相同。她不了解，世偉的「完美」指的是什麼——是完全不能出差錯？還是必須投入自己全部的情感呢？或許，世偉是認為自己有這樣的條件達到所想要的完美表現，而那可能是大部分的人都無法企及的。

見世偉不停歇地彈著琴，媽媽一臉茫然地呆站在一旁。

在許多父母的心目中，孩子的表現其實已經非常完美了。但是，到底該不該輕易地滿足？每個人的標準不同、收放不同，成就也自然有所不同。完美無瑕是好的，不過，就怕孩子招架不了。

我們這個社會太強調完美了。一條完美的繩子，似乎掐住了小孩的脖子。當孩子過度追求完美時，我們做父母的該怎麼辦？

資優生教養的「心」解答

傾聽孩子腦海裡的完美戲碼

大家眼中頂尖而優秀的孩子們，腦袋瓜裡的小劇場到底在演什麼？是否有一套劇本在走？是原著劇本？還是改編劇本？

這麼說好了，就像電影有許多類型，不同的資優生也有不同的異想世界。一個孩子在自己的劇本裡是如何描述完美、對於完美下什麼樣的定義或註解，在某種程度上，也影響了他對於完美的反應。

而我們這些身旁的大人，是否有給孩子機會，聽他訴說腦海裡的完美戲碼呢？**在故事還沒說出口之前，記得，先不要批判**。當今流行一種「人人都可以當毒舌影評而不需要負責」的觀念，這對孩子太殘酷了。孩子需要的不是批判。他需要的是你的聆聽，真心誠意地聆聽。

請給個友善、自在的氛圍，讓孩子願意和你說說他的腦內劇本，談一談「完美」這齣戲，他自己期待怎麼演。

若發現孩子什麼都不願意和你說，請你務必重視這個徵兆——這很可能象徵你們之間有重大的親子關係危機。

綠葉與紅花一樣重要

有個觀念，親子雙方都需要建立：不管什麼角色，都要把它演好。無論是主角或配角，紅花、綠葉都得有人稱職地扮演。

完美，並不等於都要演第一主角。

說到最佳女配角，「林美秀」的名字往往在第一時間浮現我的腦海。電影裡、電視劇中，她總是充分扮演著配角，特別是媽媽的角色。其實，每一個配角對自己來說都是主角。**當你好好扮演了這個角色，演活了這個角色，縱使戲分不多，但因為你的投入與詮釋，在自己的舞台上就是主角。**

我們難免希望自己的孩子能夠在舞台上擔任主角，並期待著他可以充分發揮。假如最終還能上台領取「最佳男／女主角獎」，那更是光耀門楣，集榮耀於一身！

沒錯，主角的戲分能見度高，很誘人，如果孩子的天賦與能力具備相對的條件，能夠獲取這樣的角色也是好事一樁。但我想說的是，太高的自我要求，有時候會讓人把自己壓得喘不過氣來，面對鏡頭時很容易失常、退卻。

或許，我們可以陪著孩子一起把心態做個調整：讓自己先退到配角的身分。戲分先少一點，給自己一些餘裕。在合理的目標與角色上，發揮自己的極致、展現自己的能量，優雅演出。

解析孩子的「完美說明書」

完美無瑕到底是怎麼樣的一個境界？在孩子所認知的世界裡，那樣的境界是否真實存在？

我想，我們不妨先靜下心，聆聽孩子自己怎麼說：**他是否有一套「完美說明書」？在這份說明書裡，是否有具體的目標、步驟、程序與完成的時間點，還有可能面臨的限制和盲點？**

同時也要了解：在邁向完美的過程中，孩子與目標之間相距多遠？還差多少步？這一點也決定了面對「完美」的要求時，他的抗壓性與挫折忍受力。

完不完美，往往存乎自己的一念之間。孩子的腦袋瓜如何去解讀，如何針對完美下定義、寫程式，相對地決定了完美的震撼威力有多強烈。這也牽涉到一個人的「耐震度」夠不夠，以及挫折容忍力是否屬於很不穩定的「土壤液化」狀態。而一旦未臻完美，所引發的「地震」是深層還是淺層？強度是多少？

資優生的「完美說明書」內容到底是什麼？孩子是否願意揭露這謎樣的內容？只要他願意脫口說出，至少多了一個人知道，也就是多了一份陪伴與支持。假如我

們同時有提出意見的機會，那就更漂亮了。

給完美一個緩衝的機會

孩子有完美主義，到底是好還是壞？這一點仍有待討論。

與其在完美這一點上打轉，我們倒不如來思考：當事情並沒有像孩子預期般的發展時，對於他的衝擊會是如何？一個孩子，是否有足夠的抗壓性可以負荷？

不完美會怎麼樣？我想，先不要把這個議題拋到「完美／不完美」的二分世界，事情一旦到了非黑即白的地步，往往變得很惱人。

何不這樣思考呢？**我們可以讓走向完美這條路有個「漸層」的緩衝：一步一步來，少安勿躁。**這不應該是一翻兩瞪眼的選項。「百分之百」看似誘人，但是，百分之八十五至九十九之間，也有它誘人的地方。

面對完美，孩子需要練習合理的自我察覺。如果連對自己都不近情理，那就太不夠意思了。孩子需要學習愛自己、善待自己，並且對自己好一些。

資優生教養的頭痛問題

如何善待自己呢？爸爸或媽媽，請你和孩子一起腦力激盪，具體條列出來吧！孩子有如此優異的天賦，也會有能力將善待自己的方式條列出來。

但是請別誤會，這不是說必須從此要求孩子不完美喔！別忘了，完美不是一道開關。我把它看成是一種漸層的藍染。

有層次的美感，能給人一些優游自在的餘地。多一些層次，也多了一些喘息。

資優生都那麼在意輸贏嗎？

布下安全網，化解得失心

那一年，我在國中班上以第一名的縣長獎畢業。

也是那一年，北區高中聯考滿分七百分，最低錄取分數是五百一十二分，我就剛剛好以五百一十二分上了最後一個志願。然而，最尷尬的是，我們班上第二名之後，依序上了第二志願、第三志願……對於當年第一名畢業卻在聯考中墊底的我來說，真是情何以堪！也因此，我沒有選擇讀高中，轉而去讀五專。

班上第一名畢業，卻在聯考墊底成最後一名——這個難堪的經歷，讓年少的我

資優生教養的頭痛問題

對於排名的得失變得相當敏感，也因此嘗了數十年苦果。「比較」的想法把我的心攪動得紛亂不安，使我如履薄冰，苦惱也不時浮現心上。

我經常在演講時跟聽眾們分享這件事。有一回在建中的紅樓，與台北市資優生家長和老師進行講座，現場有位媽媽聽了之後，問我：

「老師，你國中是讀哪個學校？」

頓時，我心中感到一陣尷尬。我知道家長想說的是：「你所謂的班上第一名，跟你讀哪個國中可是有很大的差別！」的確，對於並非讀明星國中的我來說，所謂的第一名好像也不過如此，拿到其他學校去比較，可能還排在遙遠的後頭。

不過，正是由於自己曾經在排名鋼索上重重跌落，患得患失了好多年，讓我特別想到，常常被別人比分數、拿排名作文章的資優生呢？面對那種捉對廝殺般的慘烈，說不會患得患失，還真的沒人相信。

「孩子，你就別再這麼比較了嘛！」爸媽的心在吶喊著。望著自己的孩子每天盯著全班的模擬考成績單，仔細比較各科的排名，為此茶不思、飯不想的，哪個做爸媽的不會擔憂。

其實，為人父母的內心也矛盾著，若說自己不在乎成績表現，似乎又說不過

去。我們常常告訴孩子：「排名沒有意義。」但是，誰相信？別說孩子聽不進去了，連我們大人都很難說服自己。

而學校可以說是始作俑者，論排名，強調名次。尤其在高手如雲的資優班裡，只不過差個幾分，名次往往差個好幾名！孩子的得失心不重也難。

身為資優生的父母，心情也沒有好到哪裡去。不僅孩子每天被這些分數搞得神經兮兮，有時連爸媽也一樣遭殃。

「每次看到孩子戰戰兢兢地在查分數、看自己是第幾名，如果不如他自己的預期，他的心情馬上崩落，接下來，做什麼事情都沒勁，話也不說，甚至還失眠、食欲不振，真的令人好心疼……」

面對患得患失的孩子，爸媽要如何協助他找回自信，超越競爭和分數的束縛，重新認識自己的天賦優勢呢？

資優生教養的「心」解答

品嘗與享受過程的酸甜苦澀

要陪伴孩子以正確的心態面對競爭，首先，父母、老師不要只看結果。當然，我們都期待事情有好結果，但是「過程」更重要。

這句話說起來容易，做起來其實相當困難。不過，有個小技巧可以帶來幫助，那就是：**讓孩子真正體會到「過程所帶來的樂趣與驚喜」**。

不妨這麼想：一場棒球比賽共有九局，很少見過有哪支隊伍從第一局贏到第九局的。

更何況，人生不是只有九局，最後勝負的結果都不知道在多少年後呢！出了社會，誰還管你資優不資優？適者生存，競爭就各憑本事了。

我們可以分享自己的經驗值，帶著孩子跟我們一起回頭慢慢品味，提醒他去發現——「打棒球」的樂趣就在過程裡。

人生，不會因為一局的落敗就崩壞。

得失心是一種漸層的概念

不管對任何人來說，「得失心」都是一道難以跨越的關卡。我喜歡把得失心看成一種「漸層」的概念，無論是形狀的漸層或色彩的漸層都可以。**這種看待得失的漸層心理，有助於孩子擺脫像開關式的絕對輸贏心態。**

讓孩子發揮關於得與失的想像，這一點對資優生來說不成問題。

就像漸層能給人帶來活潑、輕快或舒緩的感覺，無論色澤漸漸變濃或轉淡，漸層的想像，多少可以喚起孩子內心一些和緩的、漸進式的改變。

給排名一個新的定義

回到現實面來講，在高中，無論是數理資優班、語文資優班、數學資優班、英文資優班或人文社會資優班，往往原始分數才差幾分，名次就大幅地上下擺盪。

這種跳躍的排名到底有什麼意義？我們不妨**先聽聽孩子怎麼說，鼓勵孩子透過這種表達想法的思考、認知過程，練習自己給「名次」一個新的定義**。

沒有人可以永遠站在浪頭上。令衝浪者著迷的，或許是衝上浪頭那瞬間帶來的難以言喻的快感，然而，有經驗的衝浪者也明白，上了浪頭之後就有下去的一刻，起伏是自然的。

二〇一六年的里約奧運，新加坡泳將史庫靈爆冷門擊敗美國「飛魚」菲爾普斯，獲得一百公尺蝶泳金牌的新聞，令人印象深刻。

「史庫靈曾在二〇〇八年北京奧運跟偶像菲爾普斯合照，當時的他只有十三歲，雖然參加過二〇一二年倫敦奧運二百公尺蝶式，但在預賽時就遭淘汰，無緣跟偶像同場較勁。四年後的里約奧運，史庫靈在一百蝶三度擊敗三十一歲的飛魚，漂

亮奪下金牌，用最佳表現向偶像致敬。」

（資料來源：《自由時報》官網。）

沒有人的成績表現可以一直在浪頭上，畢竟，後浪也是很強勁的。關於這一點，菲爾普斯與史庫靈做了完美的註解。

布下確保的安全網

更進一步地，**可以引導孩子在看待排名時，練習從「點」調整為「範圍」，例如：從第一名、第五名、第八名等，調整為前三名、前五名、前十名。**

如此一來，只要落在這個安全網的區間裡，即使表現沒有如預期，但仍然在自己可以承受的範圍內，心理上至少舒坦些。

釐清「競爭」的觀念

你是如何看待「競爭」的呢？要知道，這也會影響你的孩子對於競爭的看法。無論在學校裡或社會上，競爭都是很自然的一件事，並且難免激起我們想要一較高下的念頭。但是，我們不需要刻意去比較，要知道，眼前出現的這位可敬對手有助於彼此相輔相成，增進能力。

若父母在面對競爭對手時，只專注去看對方的不足之處、想著要超越對方，影響所及，孩子也會把這種偏頗的比較心理視為理所當然。然而，在一時的競爭中勝出，只不過是滿足了大人虛無的成就感。久而久之，孩子可能會出現如此的疑問：

「難道我的成就感一定要建立在別人的失敗上嗎？難道我不能享受因為求知所帶來的成就與愉悅感嗎？贏別人，到底有什麼意義？到底干我什麼事？」

知識是很個人的一件事情。贏了別人又如何？難道就不能只是享受因為一個人求知所帶來的快樂？

當然可以。**競爭的重點不在於贏過對方，而是勝過自己。**

適度善待自己

資優生的自我期許，比一般孩子來得相對要高。自我期許不見得是壞事，但是要看是否合理。**適度的自我期許，能夠鼓舞孩子充分展現天賦與能力。**

在資優班，不僅看排名、談ＰＲ值，也論分數。資優生本身很敏感，在高中資優班裡，讓這些事情變得更為敏感，孩子們會更注意去比較排名。因此如何引導孩子學習「適度」，是一個重要課題。孩子需要適度地善待自己。

耐心地轉移孩子的注意力

想要轉移孩子的注意力，一開始是沒辦法像火車軌道的轉轍器那樣切換自如的。注意力的轉換，需要一次又一次、一次又一次，如不間斷的系統般運轉，慢慢地讓孩子轉換在意的重點。

當孩子把心思鎖定在排名上時，往往就看不到其他事物，名次的波動就像魚鉤勾住了他這條大魚，不時拉扯、牽動著他的思緒。

拔下魚鉤時，動作得輕緩，免得傷害了魚兒的嘴。同樣的道理，**要讓孩子轉移注意力，我們得付出耐心，一切都急不得。**

欣賞對方如何達陣成功

「不要在乎排名。」──爸爸媽媽們，這句話放在心裡，會比直接對孩子脫口說出要好些。

排名有其參考的重要性，孩子多少可藉此來了解自己的實力、付出、努力成果，以及與周遭他人之間的關係。

此外，我們也可以利用排名，引導孩子試著欣賞勝者如何達陣成功。純欣賞、不吃味，對於孩子的得失心是一項重大的挑戰，卻也是必要的學習過程。

明明是資優生，怎麼考得那麼差？

資優並不是績優

教室裡，明成若有所思地低著頭，默默不語，耳際傳來一陣陣同學們的竊竊私語，讓他尷尬得渾身不自在，只想逃離這一切。

「明成是資優生？不會吧，他數學才考七十分耶！如果這樣都叫資優生，那我們全班不都是高級資優生了。」阿才刻意把音量放大。

「資優生不是常常都拿第一名嗎？」小旭酸溜溜地拉高尾音。

「我也很懷疑。照理說，資優生的成績不是應該很好嗎？難道也會有遜咖？」

資優生教養的頭痛問題

阿才邊說，眼光邊轉向明成。

小旭也配合地應聲：「說不定資優生也有分等級喔！」

阿才笑著說：「小旭，你講話不要那麼酸嘛。人家可是有身分的資優生，經過認證的！」

「認證？是GMP？還是CAS？」小旭故意表現出一副無知的模樣。

阿才和小旭就這麼你一言、我一語地對明成冷嘲熱諷。明成眉頭深鎖著，雙手不時搓揉著衣角，周圍的氣氛讓他感到窒息難耐。

這就是資優生的成績嗎？不只同學們有這個疑問，也令他的父母和老師跌破眼鏡，不禁懷疑：「這孩子真有那麼資優嗎？」

攤開心理評量的結果，明成的智力與一般同齡孩子相較，的確是符合資優生的標準，也順利通過鑑定，進了國小資優資源班。

讓父母、老師和同學納悶的是，為什麼他在班上卻成績平平？一點也不像資優生啊！

明成的成績表現一點也不亮眼，撼動著大家對於「資優」的既有認知與看法。

「他明明很聰明，怎麼會考成這樣？」這是明成最不喜歡聽見的一句話，尤其

是說話者狐疑的眼神，透露出一種「不以為然」。

「資優生就一定會有好成績！」這種理所當然的迷思，對於明成脆弱的自尊更帶來了強大殺傷力，「內傷」愈深，愈不容易被旁人察覺。

「資優」，多麼令人欣羡的身分。有多少父母期待這道光環能夠眷顧自己的小孩，彷彿資優代表著一種保證：成績好，未來升學沒煩惱！

不好意思，事實卻常常不像你所想的那樣。

資優生教養的「心」解答

誰說資優生就一定有好成績？

身為三個小孩的父親，我能理解，我們做父母的很容易催眠自己，任憑自己的想像構築出孩子璀璨的未來，那個畫面非常令人陶醉。

但是，誰說資優生就一定有好成績？很抱歉，沒有人可以給你履約保證。當你深信資優就等於擁有好成績，這樣的信念，只會轉化為更多不實的期待與要求，強加在小孩身上。

讓一切回歸現實吧！讓我們好好地重新認識眼前這資賦優異的孩子。**他需要合理的對待。**

了解孩子屬於哪一類型的資優

資賦優異的異質性其實很大，每一種類型的孩子，特質都不一樣，有各自擅長的風格與特色。家長當然有必要搞清楚自己的孩子屬於哪一個類別，這是了解孩子的最基本要求。然而，不見得所有家長都能掌握狀況。

一般來說，資優的分類有這六種（參見第二百九十七頁附錄：《特殊教育法》第四條）：

一、一般智能資賦優異。
二、學術性向資賦優異。
三、藝術才能資賦優異。
四、創造能力資賦優異。
五、領導能力資賦優異。
六、其他特殊才能資賦優異。

例如，當孩子屬於一般智能資優時，我們可以透過先前的智力測驗評估結果，或先前在學習上的具體卓越表現，來進一步確認在記憶、理解、分析、綜合、推理或評鑑等領域，他所擅長的是哪一方面。相關的細節，可以與資優班老師或臨床心理師進行討論。

先與孩子一起把這點明確地界定清楚，那就是他所擅長之處。不過，即使是在他的天賦領域，也請勿無限上綱地要求他事事都第一。

資優，並非績優

資優不夠，還得績優？聽起來壓力好大呀！然而，不用懷疑，這正是許多資優生在現實生活中背負的重重期許。

在此要請問各位家長一個問題：你是要孩子資優？還是績優？

這個問題或許很殘酷，不過，卻是父母應該深思的。

其實我們心裡明白，**「兩者都想要」的期望，基本上並不合理**，但是一旦孩子「資優卻不績優」的隱憂成真，許多家長和老師仍然免不了期待落空，大受打擊。而這份若有所思的惆悵，往往也造成了孩子自信與挫折的大崩盤。

你是否可以接受孩子資優，但不績優？

其實，我一直在思索一件事情：到底什麼是績優呢？難道滿足或達到大人所期待的成就，就是績優？就是成功？關於「成功」，誰可以輕易下定義？

這些「成功」很現實、很誘人，但人生好像還可以有不同的選擇與組合。你認為呢？

資優不表示每科的表現都亮眼

在學習領域上，資優生不一定都大小通吃，國、英、數、社、自，並非每個人都能獲得五項全能的金牌。有人是數學單項競賽的常勝軍，但國語、英文卻不見得報得了名。有人國語、英文長期保持全校紀錄，始終無人能夠突破，但就是別在他面前提起數學。

我們要保持一種合理的心態：**不管一個孩子資質再怎麼好，也不表示每科都厲害**。同時，也請把這樣的訊息傳給身旁其他的人知道。合理地看待，是對資優生最友善、最基本的尊重。

好成績的理由何其多

我們都希望孩子成績好，但是，好成績的理由何其多。如果你一味地以為孩子屬於資優、夠聰明，就會有好成績，那麼以下這些話，你應該很熟悉：

資優生教養的頭痛問題

「我看你是沒把心思放在功課上。再不認真點，你的成績會很難看。」

「孩子，媽媽相信你一定可以的。我真的覺得你的程度不應該只有這樣。」

「你不要以為自己聰明就好混！」

「你要不要花一點時間看書？一點點就可以。」

做爸媽的無論是抱怨、嘮叨、發牢騷，或者採取苦口婆心、溫柔的攻勢，最終都是想要讓孩子的成績動起來。

但是，影響成績的原因太多了。不僅要看孩子對於所學的內容理解、熟悉到什麼程度，也要看他是否有花心思和時間來準備考試，同時，考試過程中的專注力與應答技巧、考前的身心狀況、前一晚是否有睡飽，以及考試的動機等，都會影響。甚至，孩子可能懷疑：「自己到底是為何而戰？」「我為何需要考好？」……

這些狀況可能發生在任何孩子身上，所以**重點在釐清：孩子到底是卡在哪裡**。

而另一方面，成績好的學生不一定是資優。這一點，我必須強調再強調。

資優生因成績落後而深受打擊，怎麼辦？

重新定義「領先群」

「哥哥好心疼你，妹妹，你就像個墜入凡間的精靈……」哲熙心裡想著。他想要安慰高二的妹妹若熙，卻又不知該從何說起。

妹妹從國小資優資源班、國中資優資源班，高中順勢進入數理資優班，一路順遂。但是心思細膩的哲熙發現，自從進入高中資優班後，妹妹的笑容似乎愈來愈少，心情好像也總是很沉重。

他知道妹妹習慣在臉書塗鴉牆上記錄自己的心情。幸運的是，因兄妹倆的感情好，所以妹妹有開放給他瀏覽權限。

哲熙明白，妹妹需要一個抒發心情的窗口。只是，讀著她塗鴉牆上的一段段文字，自己除了按讚回應已讀或選擇心情符號表示傾聽外，實在不知要寫下什麼樣的留言，才能幫她重新找回笑容。

「我笑不出來。笑容已離我遠去，沒有任何足以讓我開心的事發生。這種感覺令人厭惡。我無法想像自己怎麼會淪落至此。天啊！這不是我的世界。我不屬於被踩壓在底層的一群，不該的。但每天醒來，殘酷的現實就橫擺在眼前。我找不到原來的那個我，那個明亮、充滿自信，甚至帶著一絲傲慢與自大的我。我好不快樂。」

「我也想要奮力一搏。當然，這要使盡全部的力氣，就像賭徒一樣，甚至於只剩一條命可以下注。我很可能就此全盤皆輸，賠上自己僅有的自信與自尊。」

「這是一場不可能的任務。牆那麼高，我哪裡攀得上去？這是一場必死的犧牲。曾幾何時，我竟成了別人眼中的祭品、待宰的羔羊。墊底？落後？這怎麼可能出現在我身上！」

「進入了這所人人稱羨的夢幻高中，對我來說卻一點都不夢幻，甚至可說是一場我想拔腿就跑的噩夢！我到底是誰？沒了第一名光環的我，還是原來的我嗎？以前長期盤踞在第一名的我，那是真正的我嗎？鎂光燈的焦點轉移到了別人身上，我不再亮眼了。我覺得自己讀書的心變得冷淡了。我真的有能力嗎？我到底還有什麼存在價值？我實在忍不住開始懷疑自己，甚至懷疑我在資優班的一切一切……」

哲熙知道妹妹的天賦資質並沒有消退，但面對群英環繞，儘管努力，無奈成績表現卻節節敗退，她能承受嗎？

望著眼前落寞的妹妹，哲熙知道，她的內心有許多聲音，正等待身旁的人靜靜聆聽。

資優生教養的「心」解答

陪伴孩子面對挫敗感

孩子的天賦並沒有像噴漆褪色，也沒有像瓷磚剝落，但很殘忍的是，一進入高中資優班，帳面成績卻直直落。一波一波的測驗、考試，讓從念小學開始便長期盤踞第一名的他，瞬時像坐溜滑梯一樣，一溜煙就到底了。

想要逆向再度爬上去，但那條路實在太滑了，沒多久，又被人推擠下去，再度墊底。

沒有人喜歡挫敗。然而，在高中資優班裡，孩子卻被迫面臨如此的挫敗感，發現自己的成績不再亮眼，很尷尬而難堪地成績墊底。

讓我們試著體會這種感覺：小學六年、國中三年，自己幾乎是考試的常勝軍，

從沒想像過成績落在中後段的同學到底是什麼感受。但一進入高中資優班，在全班都是高手環伺的情況下，昔日安然在前端發光的自己像被關掉了總開關，快速熄滅，進入人生中學習的黑暗期。

許多父母與孩子可能都沒想到，當一群天資聰穎的學生聚集在一起的時候，就如同武林大會，高手之間終究需要一較高下，勝者為王，敗者為寇。

進入夢幻高中後，局勢霎時轉變，夢幻破滅。不想承認自己退步了，但對手「群」真的是太強大了，讓人喘不過氣來。局勢轉變快得令他措手不及，有種兵敗如山倒、全軍覆沒的感覺，使人窒息。然而，儘管再不喜歡，他還是深陷其中，難以抽身遠離。

而這個時候，**身旁的我們能做的就是給予「陪伴」，陪伴孩子走過這段低潮。**

想逃避，是很自然的

其實，孩子是心有不甘的，畢竟自己明明是屬於領先群，不該墊底。現實的慘況，很容易讓人產生一股強烈的逃避心情。

我們可以讓孩子知道，有這種逃避的想法很自然，在許多人的生命過程中是經常出現的。不需要自責，不需要有罪惡感，這是自己當下最真實的情緒寫照。

「我覺得累了，非常的累，非常、非常、非常的疲憊，因為我不知道自己身在何處。我想放棄了，這裡似乎不屬於我。茫然、迷惘……我好想、好想、好想跳脫這個框框，丟掉資優生這個身分。我不再喜歡自己，甚至開始厭惡自己了。有誰可以告訴我，為什麼我要背負著這個資優生的十字架？為什麼我要踏進資優班？」

請讓孩子說，請讓孩子寫。孩子需要有傾訴的窗口與出口。

接納孩子所寫、所說的內容，先別針對內容進行說理、反駁與批判。讓積壓在孩子內心已久的抑鬱堰塞湖，透過表達，敲開一個缺口，使那股負面情緒汨汨流出。

當孩子產生逃避的想法時，請別指責他。他需要你的支持，需要有人了解他的處境，陪伴在身旁，讓自己覺得不孤單。

揮揮手，離開賽局

電影《蝙蝠俠：開戰時刻》中，主角布魯斯．韋恩的管家說過一句話：「為什麼我們要跌倒呢？因為我們可以學習如何站起來。」

當孩子跌倒了，我們都期待他能夠原地站起來，接著重整心情與裝備，繼續奮戰下去，就像勵志電影裡常見的場景——拳擊擂台、田徑場或自行車比賽，當然，也包括人生成長的道路。

倒地，再起，奮力向前！這樣的影像逆轉很振奮人心，也呈現了一個人如何成功的細節與歷程。

但是，**如果孩子此時的狀況並不允許他繼續奮戰，那麼在跌倒後站起來時，他能不能選擇離開眼前的賽局，重新尋找一個適合自己身心特質的所在？**

我想，這也是選項之一，無關對錯。

接受自己的失敗

孩子需要引導，來幫助他提醒自己：**即使有所謂的失敗，也是就一件、一件事情而論。而不是全有或全無，以偏概全地認為人生就此以失敗收場。**

但我必須強調，這裡所講的失敗很單純是指：以往長期在課業上排名領先，現在卻墊底。

資優生不是所向無敵嗎？為什麼還需要為了成績奮力拚搏？這當然是一種迷思，然而不可否認地，這樣的迷思很容易蒙蔽孩子的內心。

何不帶孩子試著換個角度，把一心奮力拚搏，調整為對他人的欣賞與虛心請教呢？

重新定義「領先群」

身處成績「領先群」，那種狠狠擺脫其他選手的感覺會讓人上癮。也因此，要

孩子瀟灑揮別過往曾經擁有的領先群風光，談何容易。

既然無法揮別如此的自我期許，那就接受它也無妨，但是可以「重新定義」領先群。

什麼是領先群？在國中、小學階段，如果真要比較的話，或許是與班上一般同學相較，在特定的學科、成績表現上勝出。不過，到了高中資優班，可以給領先群一個新的解釋：不是資優班內的相互比較，而是與資優班外的比較。

我們怎麼「想」，將會順勢影響自己後續的感覺與行動。想法的魔力，真的很強。

但是，請你提醒孩子——也提醒自己：「比較」過量，有礙身心健康。

資優生都那麼敏感嗎？

少批判，引導孩子把情緒說出口

「愛哭娟」！娟娟的這個綽號，流傳在她班上同學與社區鄰居之間。這三個字，不但娟娟本人不愛聽，她爸媽聽到了也是眉頭深鎖，不知道該如何是好。有時，娟娟人都還沒進家門，哭聲就已經傳遍整棟大樓。

這一天還是老樣子，娟娟又是嚎啕大哭著回家。淒厲、刺耳的哭聲，讓媽媽的心再度糾結起來。

「娟娟，你怎麼了？發生了什麼事？先別哭，有話好好說。」媽媽的手輕輕搭

著她的肩膀，試圖安慰她。但娟娟哭得像淚人兒，完全沒有暫停的跡象。

媽媽常覺得自己心有餘而力不足，不知該怎麼安撫這個敏感的孩子。

「娟娟，不要淨是哭嘛！心裡有什麼事、有什麼委屈就說出來。你不講，媽媽不知道你怎麼了。」媽媽心急了。

娟娟邊啜泣邊說著：「班上同學根本不把我當成是同一國的！每次我從資優資源班上完課後，回到原班教室，大家都不理我，把我當成陌生人似的。還有，我很討厭子彥和小龍！他們幹嘛每次都愛欺負文文、鬧文文，把她弄得好煩。男生應該要保護女生，怎麼可以變成讓女生心裡受傷。更何況，文文根本不想和他們兩個臭男生玩啊！」

聽到娟娟泣訴著被排擠，媽媽好心疼，她可以想像娟娟因為上資優資源班，抽離了一些原來班級的課，和原班同學少了一些交集，彼此也容易疏離，所以她在原來的班上很容易被當成是客人，這樣一定讓人很難過。

但是她實在不懂，子彥和小龍欺負文文的事跟娟娟有什麼關係？她有必要那麼在意，哭成這樣嗎？

媽媽想到老師多次私下傳訊，向他們夫妻倆反映：

資優生教養的頭痛問題

「娟娟這孩子，只要看到別人哭，她就忍不住哭，而且往往哭得比對方更慘，好像自己才是當事人一樣。」

「娟娟真的是過度敏感了。很多事情根本和她沒關係，她常常哭得令人莫名其妙，讓班上同學覺得她太誇張、太離譜。我擔心這樣下去，只會使周圍的人更不敢接近她，而被同學們疏遠。」

「我也不知道她在憤世嫉俗什麼。許多事情，她真的不需要反應這麼強烈！這樣太辛苦，也太累了。她這麼過度激動，是很容易受到傷害的。」

每當讀著老師這些摻雜抱怨的訊息，娟娟的爸媽都不禁困惑：「這孩子到底怎麼了？難道這種細膩與敏銳是資優生的情感宿命？」

資優生教養的「心」解答

留意孩子的「情緒過敏原」

孩子的心思細膩，到底是好事？還是壞事？的確，許多父母都為此感到兩難。心思細膩，看待事物往往更敏銳，而具有資優特質的孩子，心思更如同絲綢般細膩。

只不過，當孩子的心思太過纖細，這份敏感有時也很容易像過敏原般，讓周遭他人感染不舒服的反應。

敏感不是壞事，需要分辨的是孩子看待事情的角度。太負面，容易礙事；若能維持正向觀點，反而可以讓情況更順利。

我們要留意的是，孩子過度激動的情緒很容易直接傳染出去，讓周圍的人招架不住。有時對於別人不經意的一句話或一個動作，他卻容易反應過度而驚嚇到對方，導致對方想與他保持距離。

為了減少敏感特質對生活帶來負面影響，**父母不妨陪伴孩子進行一項「自我覺察」的練習，那就是：什麼事情容易引發孩子的「情緒過敏」狀況？**

例如：他是否相當在乎別人的反應？他是否很在意表現沒有達到自己的預期？在人際關係上，他是否被排擠？對於某些特定的話語，他是否過於敏感，或者容易擴大解釋？他是否感到心裡的某些需求沒有被滿足？……

每個孩子都有個別差異，請你試著找出專屬於自己小孩的情緒過敏原。同時，進一步思考這些過敏原是否合理。

能說出口，就是好事

當周圍沒有人可以了解自己到底在想什麼時，會讓人有一股想要躲進自己世界裡的衝動。

所以，很重要的一點是：**協助孩子不再隱藏情緒。引導他說出來，但不要批判**。有時候，我們的批判會讓他把話再縮回去，繼續壓抑自己的情緒。

資優的孩子尤其容易掩飾自己的心情，特別是當他發現自己的想法似乎不被了解時。

引導孩子表達出他的感覺。能夠說出來，終究是一件好事。同時，我們可以仔細觀察，孩子是否容易從沮喪的心情中獲得平復。

情緒管理是一種必要修練

「情緒管理」一定得列入所有資優生的必修課程！不要以為資優生很聰明，不需要教也自然而然就能學會。我要強調一件事：數理資優不等於情緒管理資優，語文資優也不等於情緒管理資優。

情緒管理是一堂必須學習的課。正因為孩子享有先天優勢，只要有教，就可以學得非常快、非常好，父母和老師更應該重視這門學問的教導。

假如放任不管，一旦孩子的情緒管理出了問題，就像船撞上了暗礁，這艘資優的鐵達尼號也會沉船。

第一步，是讓孩子在心態上有彈性，而首先，父母得先從自己的身教開始，凡事要學習變通。不一定得遵循什麼樣的模式或道理。多一些選擇的彈性，也是關於抗壓的最佳練習。

激動情緒的無條件接納

相對於其他的孩子來說，資優生的情緒反應明顯傾向於過度激動。這一點常讓周遭的人感到焦慮，因為不知道該如何對待他。反應強烈的小孩，對於事物的敏感度非常高，但往往會炙熱地燙到旁人。

強烈的情緒有時就像龍捲風一樣，席捲了他的腦海，覆蓋了腦中的知識資料庫，讓他完全無法思考，無法去想像。這樣的經驗很容易讓他感到心裡慌亂。整個腦海裡，負面思考像暴風圈籠罩，滿天烏雲黑壓壓的一片擠壓著思緒……

每當這種時候，父母親能做的，就是無條件地接納孩子過度激動的情緒。畢竟，這也是屬於他的一部分。

少批判，多正向肯定

面對敏感的孩子，建議平時盡可能減少過度的負面提醒、叮嚀、指責、糾正和批評。這些太「鹹」（過度嚴厲）、用「油炸」（容易燃起衝突）的說話方式，很容易讓敏感又過度激動的孩子暴跳如雷。攝取太多，對情緒的穩定控管是很容易產生副作用的。

多多地正向肯定。同時，**若你的每一句正向肯定都具體陳述了孩子的表現，將很容易讓他在腦海中形成動態的畫面，覺得自己被肯定了，更強化了自己所「擁有」的能力**。同時，也讓他多了些自信，看到自己的美好能力。

別老是只肯定課業表現

父母往往容易針對課業表現談條件、開支票或給甜頭吃，以為只要給孩子甜滋滋的迷人誘因，他就會卯起來奮發向上，達到我們想像中資優生應該要有的表現。

大人愛給「糖」，然而，「期待」、「條件交換」等人工添加物的糖分攝取太多，對於孩子的身心健康並非好事。

一旦發現大人過度在意某一項成績表現，孩子就很容易被引導在「那一項」尋找自己的亮點，導致對於分數、名次錙銖必較，容易給情緒的穩定帶來紛擾。

一遇到挫折，資優生就容易抓狂？

教孩子學習合理地對待自己

「啊！……啊！……」房間傳出一陣淒厲的叫聲，不時伴隨著猛力敲打桌面發出的「咚咚咚」聲響。這陣嘶吼狂叫讓客廳裡的媽媽嚇了一大跳。

這不是第一次發生了。

媽媽戒慎恐懼地敲了敲門，隨後轉動了房門把手。門開後，她探探頭，只見撒落了滿地的碎紙，以及眼前孩子在書桌前激動的背影。

「怎麼了？你先不要激動……」媽媽趨前，隱約看見孩子顫抖著雙拳緊握到冒

資優生教養的頭痛問題

出青筋。她彎下腰，一一撿拾著地上的碎紙，訝異地發現竟是最近一次的模擬考卷。

她試著出聲安撫：「你怎麼把模擬考卷撕成這樣呢？不就是一次考試而已，別這麼在意嘛！」但孩子完全不理會，繼續激烈敲打著桌子，用力扭動的臉龐把她嚇壞了。

「再努力就行了啊！更何況，這回你其實考得不錯……」

她話還沒說完，孩子就用力把她推出房間，大吼：「出去！你給我出去！」

那股力道讓媽媽感覺到背上隱隱作痛，她無奈也無力地說：「好、好，我出去，你的動作也輕一點呀！」

這孩子的成績表現已經十分亮眼了，但他就是死心眼，給了自己極高的分數標準，那就像是高聳上雲端的高標。

「不需要這樣的，真的，不需要這樣……」媽媽喃喃自語著。

她不知道該如何讓孩子學習面對這些「微不足道」的挫折。或許，對孩子來說，這幾分的落差就像馬里亞納海溝般的深。

「我到底該怎麼辦才好？」做母親的她感到不知所措。孩子的挫折忍受力是否真的很差？我們是否對他存有過度期待？他是否高估了自己的能力，覺得自己無所不能，所以當沒能達標時，他就被挫折感壓垮了？

「不到一百，就是零」，這種全有或全無的想法，對於資優生尤其具有殺傷力，使得人生變成了總開關形式，不是輸，就是贏。

請你留意，孩子的挫折忍受力是否常常處在這種「ON/OFF」的輸贏模式。建議定期安檢，以策安全。

資優生教養的「心」解答

別讓大人的情緒反應，成為孩子的挫折來源

在功課上，大人很愛為孩子加油、打氣。但是我在此要提醒：父母、老師，請別成為孩子生活中一座又一座的天然氣加壓站，這很容易變成不定時炸彈，隨時都

可能引爆孩子的劇烈挫折感。

守則一：「嚴禁煙火」。父母的情緒反應，很容易對孩子形成莫名的壓力，同時燃起他心中的挫折感。

守則二：「閒人勿進」。有時，旁邊不相干的人說些冷言冷語或給些鼓譟建議、像八婆式的表達，也可能引發當事人的挫折感。

走在一條失敗的大道上

失敗大道，是通往成功的必經路途。

當然沒有人愛走這條路，但是，每個人都非得走上幾趟不可，別想繞路。在學習之途上，無論孩子如何在大街小巷穿梭，都仍然會通往這條看似充滿荊棘、顛簸、泥濘與處處碎石，難以行走的道路。

並不是每件事情都可以很順利就成功的——這是我們在上路前，所需要抱持的心態。而走上這條路之後的命運關鍵，則在於你和孩子如何看待眼前面臨的失敗。

事情沒有按照自己的預期進行，很容易使人產生沮喪的感覺。孩子對自己多少有期待，只是這個期待不一定符合他相對的能力。

可是，哪有每一件事情都能成功的呢？若是如此，那眼前的事物將變得索然無味。何況當預期每一件事情都會成功時，失敗一出現，那種期待與失望的落差將使人無法容忍。

我們需要和孩子一起面對「失敗」。從失敗中，去萃取未來彈起的動力。

往挫折的方向前進

要提升挫折忍受力，有個不變的真理，那就是：往挫折的方向前進！

折返、後退或裹足不前，對當事人來說，的確可以換來片刻的舒緩，讓焦慮降低了，壓力緩解了，畢竟暫時不用去面對那難耐的壓力源。

但沒有去面對，問題還是在那邊。

沒看見、沒靠近，不表示問題就已解決。

始終站在原地打轉，不願意跨步靠近壓力源，挫折忍受力的積分並不會因此而增加。

不過，面對壓力難免會讓孩子感到焦慮、恐懼。那怎麼辦呢？**「一步一步來」是個可以考慮的方法，教孩子給自己設一個停損點，見好就收，合理地對待自己，藉此慢慢累積面臨挫折時的抗壓能力。**

想像力的雙面刃

人們對事情的反應，有一大部分都取決於自己的「想像」。資優孩子的想像力更是豐富得無遠弗屆。

想像力有時候像雙面刃。孩子可以在自己的「腦內小劇場」上演恐怖片、驚悚片，甚至泰國鬼片，用他無限的編劇功力，編寫出一幕又一幕的場景，把自己嚇得毛髮豎立、心跳加速和呼吸急促。

劇本寫得愈恐怖，愈會使人想逃避眼前的壓力源，挫折忍受力也愈會被凍結。

不要自己嚇自己。換個戲碼，重編劇本吧！

來部勵志片，如何？

設定合理的目標

天上的星星很耀眼，躺在草坪上仰望星空，純欣賞就很令人陶醉。但是，若想要跳上天去抓取星星，不管怎麼跳，往往都搆不著，常常跳著跳著，人累了，也心灰意冷了，接著就感到挫折不堪了……

星星閃爍很迷人，但它終究遠在天邊。所以，回到現實吧！

想要達到的目標必須是合理的。這一點要放在心裡，不時告訴自己。孩子可以有合理仿傚的目標人物。建議你，和孩子一起釐清那個目標人物會不會太巨大。

孩子很容易會覺得別人很厲害，因為他已經習慣去看待對方厲害之處，這沒有關係。問題在於，資優的孩子很容易把一丁點的小事無限加乘，無限放大。當他看著別人有多厲害時，往往會馬上切換至自己有多糟糕，並且加以放大，愈看愈不順眼。如此的無限放大是會失焦的，反而讓當事人更看不清楚自己。

因此，一切的目標都要以「合理」為最高原則。

資優生陷入了憂鬱黑洞，怎麼辦？

首先，閉上嘴，靜靜地陪伴

有同學發現，以往一向愛嘟嘴自拍的小菲，臉書的內容一直停留在兩個月前，沒有更新，而且許多訊息都呈現「已讀」，卻始終不見她回覆。在教室裡，也總是見她一個人落寞地坐在座位上，有時比較親密的同學過去找她，卻遇上她一臉平板的神情，讓這群好麻吉不知所措。

「小菲，你怎麼了？」「開心一點嘛！」「有什麼話就說出來啊！」同學們試著安慰她，她卻莫名地開始掉淚。

班導也直覺認為小菲不對勁。幾次與她進行一對一晤談，她都不發一語，或分神、眼神呆滯，或眼眶濕潤。更明顯的表現是，小菲的學業成績在這段時間裡明顯下滑。導師認為需轉介至輔導室，因為小菲的狀況已經超出自己專業所能處理的範圍。

爸媽也發現小菲不對勁，她總是心情沉重，不再笑了，也沒什麼活力。

憂鬱就像一朵烏雲，不請自來，滯留在孩子心頭，遮蔽了孩子心中的陽光，並且久久揮之不去。

小菲有時會躲在房間裡，不停地邊哭邊喃喃自語，隱約可以聽見她在自責：「都是我的錯，都是我的錯！我怎麼會那麼糟糕、那麼差勁，總是說些老師不愛聽的話，害我們這一組成績被拋到最後。同組同學怪我是應該的，不和我說話、討厭我也是我自找的。難怪我常常聽見他們說我愛現，和班上的人格格不入。我在這個班上是多餘的，我不屬於這裡……」

這股憂鬱，讓小菲在日常生活中，漸漸對周遭事物失去了以往的關注與興趣，換來的是低落的情緒、疲憊的身心，活力與動力的喪失。她變得思緒遲鈍、動作緩慢及專注力渙散，老是猶豫不決，愈來愈不像原本的自己。此外，她不是失眠，就是變得嗜睡，沒有食欲，體重明顯減輕。心中的想法染上了灰濛濛的一片，有強烈

罪惡感、無價值感，自我貶抑或傷害自己的負面想法也不時浮現。

但現實裡，班上同學們是很接納小菲，很友好的。

憂鬱雖然非資優生的專利，但憂鬱，找上了這個資優女孩。

如何陪伴孩子面對憂鬱，是現代父母的一項重要課題，家有資優生的家長更要留意。

資優生教養的「心」解答

有些話，不要說

對於陷入了憂鬱情緒的孩子，周圍的人通常會這麼勸說：

「你想太多了。」「看開一點嘛！」「有那麼嚴重嗎？」「放輕鬆一點嘛！」

「你已經過得很好了，還有很多人情況比你更糟糕。」……

我明白，這些話都是有心想幫忙，無意讓當事人心情更糟。

但是，這些輕易脫口說出的話，對於憂鬱的孩子來說，反而成了一種不能承受之「重」。**愈是如此勸說，愈會適得其反。**

少指責，少批評

請記得，沒有人喜歡讓自己陷入憂鬱的泥淖裡，久久無法自拔。憂鬱既非孩子所願，低落的情緒也非他自己能夠回復。**指責、批評或怪罪是無濟於事的。**

憂鬱的孩子，容易陷入過度聚焦於對自己不利的負向思考中。旁人的負向刺激只是雪上加霜，讓問題更難解。

陪伴，靜靜地陪伴

有時，**憂鬱的孩子需要的是我們在一旁靜靜地陪伴，讓他感受到我們的關心與貼心。**

只需要靜靜地在一旁，陪著他，眼神專注在他身上，身體趨近他，適時地拍拍他，或是搭肩、擁抱，讓他感受到我們觸摸與關心的溫度，這就是一股相當有能量的支持。

憂鬱是自然的存在

憂鬱的人很容易陷入一種罪惡感，忍不住自責：「為什麼我無法揮去這些烏雲與陰影？」

請試著讓孩子了解，憂鬱的情緒對於每個人來說，都是很自然的一種存在。**如此灰濛濛的想法並非只有他有，在許多人的腦海裡也會出現。**

但是，解開糾結的關鍵在於：自己要讓這些負向的想法存在心裡多久？影響自己到什麼樣的程度？

接納孩子的情緒

憂鬱的人容易出現易怒、歇斯底里、痛哭，或旁人無法理解的強烈情緒。請你提醒自己，這些並非孩子自己所願，也非他所能控制。**在合理的範圍內（不傷害自己與他人的前提下），請接納孩子的這些情緒。但在過程中要發揮敏感度，關注覺察孩子的反應是否存在著危險性。**

必要時，請進一步轉介及尋求心理專業人員協助，例如：精神科、身心科醫師，臨床心理師或諮商心理師等，以陪伴孩子走過這段憂鬱的生命之路。

同理孩子的憂鬱感受

面對深陷憂鬱的孩子，讓我們試著轉換一下角色，幫孩子說說他的感覺，試著去感受這些烏雲的籠罩讓當事人有多麼難受。你也可以回想看看自己過往曾出現的類似感受。

例如：「媽媽感覺得到你心裡有許多話想說，但似乎又提不起勁，甚至不知道該如何開口。我想，你自己可能也想要趕快掙脫這股沉重感，卻又不知道該怎麼做。這種悶悶不樂的感覺，令你很難忍受吧……」

但同時請提醒自己，**避免將自己的想法強加在孩子身上，甚至於否定他的想法**，這樣反而會讓孩子更縮回憂鬱之洞裡。

保持規律的生活節奏

協助孩子維持日常的生活節奏，陪伴他維持規律作息，像軌道般穩定地運行，讓他感受到仍然在行進的動力與元氣。

我們提供選擇，並協助孩子練習做決定。

憂鬱的情緒往往使人舉棋不定，思考遲鈍，難以抉擇。因此，**要以「有限的」選擇與範圍，讓孩子從二選一、三選一中，嘗試做出決定**。這對於打破易使人猶豫不決的憂鬱情緒有很好的作用。

為你的孩子，量身打造緩解憂鬱的方法

陪伴孩子一起體驗生活中的事物，對於幫助他跳脫憂鬱有積極的效用。抒解情緒的方式因人而異，試著找出適合自己小孩的方法吧！而這需要你平時對於他的觀察與了解。

和孩子一起聽聽音樂、看看電影、吹吹風、散散步，陪伴他一起抬頭看看天空或夜裡的星辰，讓注意力有地方轉移。和孩子一起從事他先前喜歡的活動，找回過往對於那項事物的熱情。

雖然這段憂鬱期間，他可能顯現出無精打采的模樣，但請你給他一些時間，讓他慢慢地調適，別急著要他立即就振作或回復先前的光彩。

慢慢來，每一步的跨出，就是一種改變。

當他願意走出房間、踏出家門，當他主動提及自己想做的事——這時，你的共同參與和陪伴，對他來說就是一股有力的支持系統。

別強迫孩子一定要怎麼做，或者一定要照你的意思做。請提醒自己：勉強只會礙事。

如何避免資優生自我傷害？

多分享，少說理；多分享，少要求

「成績變差害死我」，國二生自殺！

斗大的新聞標題吸引了子強爸爸的注意，他點開新聞網頁，一字一句細細閱讀起來。一個正值青春年少的生命殞落，讀來令人感到不勝唏噓。新聞裡的那孩子把腳踏車停在公園裡，到了一座小山坡上，以自備的繩索上吊自殺，遺留下了一張「成績變差害死我」的字條……

他忍不住想：「如果一切可以倒帶，或許在某個時間點上，只要有人做了一些事，這個國二的孩子也許就能……」

但殘酷的是，時光無法倒帶，生命無法重來。

新聞裡的孩子，就如同一般的鄰家男孩。這也讓爸爸想到兒子子強，他已經高中了，是語文資優生。

針對新聞事件的分享與討論，是父子倆最為貼心與交心的互動。這種關於某個話題的對談和溝通，也是他與子強了解彼此的最佳模式。

「當穿著制服的那孩子決定把腳踏車停在公園的山坡下，生命在那一瞬間，似乎做出了選擇。或許在那當下，他覺得自己別無選擇了。那種感受，不知是無助、害怕、恐懼，或是心如止水。那一段路，最後走來一定很孤單……」

爸爸試著去同理那個國中男孩在生命最後一段的心情與感受。接著，他向子強抛出了一連串的「假如」。

「子強，假如那個國中生決定走回他的腳踏車，假如他再度跨騎在上面，假如他決定往學校的方向騎去，假如……」

「要讓這些『假如』實現，除非他在當下那瞬間閃過這些念頭。」子強思考了一下，開口說：「但這一念之間的逆轉很不容易。在他獨自一個人面對腦海裡的負面想法時，需要有很強烈的正向念頭出現對抗，那是一場生死之間的頑強對峙。可是，負面的思想充滿在他的腦海和心中，我想，他在那當下一定感到很孤苦無依吧。」

子強對於事情的看法很成熟，這點是爸爸一直欣賞並珍惜的。他望著子強，想到了那個與自己的孩子年紀相仿、卻命運迴異的國中生，不禁心疼地說：

「事件的結局真的很令人感傷。那個國中生最後決定往前走，離他熟悉的腳踏車愈來愈遠，我想在那當下，他一定很無助，可是卻像陷入被蜘蛛網糾纏的困境一樣，脫不了身。假如孩子的身旁有一個人可以傾聽他的聲音，不管是父母、老師、同學、朋友，或是專業的心理人員，或許，就會有不同的結局……」

時間無法倒流。為了不讓同樣的憾事再發生，我們必須想辦法預防。

試想，當父母面對孩子自我傷害，撞見他拿著美工刀，往手腕上一刀一刀劃下去時，除了感到震驚、錯愕，多少也帶著些怒氣。氣什麼？氣孩子為什麼如此不懂事！氣孩子為什麼不懂得「身體髮膚，受之父母，不敢毀傷」！氣孩子為什麼這麼傻！

會有這些反應很自然，但是我們不能被一時的情緒蒙蔽了，因為關於自我傷害行為的原因，我們仍然百思不解——在割腕、搥牆、撞頭、摳弄皮膚、咬傷自己等

行為的背後，到底在傳達什麼樣的訊息？

面對令人擔心的孩子自我傷害行為，父母又該如何因應？

資優生教養的「心」解答

成為孩子傾訴的窗口

孩子被逼到傷害自己的角落裡，可能出於這些因素：對於切身學業的看法、感受，及所面臨的困頓；在同儕、友伴之間被質疑、受委屈或常感疏離；對於自己與周遭之間的關係出了問題……

對孩子來說，要找到一個願意傾聽自己，並且敏銳覺察到自己有傾聽需求的人，並不容易。這當中牽涉到親子之間的信任、關係，以及我們對於身邊孩子的細膩關注。

再次提醒你：孩子不說，不表示他沒事。

不過，「說話」真的不是孩子所擅長的，特別是內心裡那些幽微的話。

我們難免期待孩子有話可以向自己說，但是許多父母的疑惑與為難也在此——孩子明明心裡有事，卻不願意跟我們傾訴。

在輔導自我傷害的孩子的經驗中，我經常遇到一種尷尬的狀況：父母往往是最後一個知道孩子在傷害自己的人。往前追溯那段自我傷害的歷程，會發現有些孩子在國小四、五年級就已經出現這些行為了，但遺憾的是父母並不了解，也完全不知情。

如果孩子不願意跟你說，那麼，至少要有一個值得他信任的人可以讓他開口，無論是同儕、朋友、手足或老師都可以。只要有說出口，多少有助於讓自我傷害的念頭長期滯留在遠方；有窗口，就可以避免自我傷害朝孩子而來。

如果你期待自己可以成為孩子的窗口，那麼，請你平時先多跟孩子說話。**多分享，少說理。多分享，少要求。**

有了你的示範，孩子心裡有狀況時，才知道該如何跟你說，也才願意對你說。

孩子需要你的支持與陪伴

面對自我傷害的孩子，父母很容易亂了陣腳。特別是當我們自己的思緒還很混亂時，更容易急著想逼孩子說出個所以然。

但是，請提醒自己：這時的孩子或許也處在茫然、失措、無法思考的一片混沌中。

先別拚命急著追問或要求孩子給什麼解釋；此刻，父母的話也不宜多。在安全的考量下，先移除孩子用以自我傷害的物品，例如美工刀，或引導他遠離牆壁以防再度激動碰撞。這時，**請多運用身體的靠近、搭肩、擁抱或握手，輕輕安撫**。試著將你的關心，透過觸覺傳達給孩子，讓他感受到有你陪伴與支持的溫度。

如果孩子當下願意講，請你試著先多聽、少說，先讓孩子激動、焦躁與不安的心，平靜下來。

讓孩子從你身上，感受到恆溫的關注

陷入困境的孩子步伐凌亂，可能以明示、暗示，或不知所措，或者只能發出微弱的聲音，拋出任何象徵著求救的訊息。

其實，在找到解決問題的出口之前，他一直在矛盾地掙扎著。這時的他，需要我們給予「恆溫」的關注：**靠近的溫度，聆聽的溫度，身體輕輕觸碰的溫度**。

處於無助狀態下的孩子，正需要如此的溫度，在彼此的心靈交會中，慢慢地、慢慢地，維持恆溫。

留意孩子心中的「紫爆」

心靈受困的孩子，內在就像達到了非常嚴重的空氣汙染「紫爆」等級，讓他的情緒咳個不停、喘不過氣，甚至難以呼吸。但我們要明白，這些存於心中的無價值

感、無意義感與絕望感等，並非孩子自己所願。

請勿批判，莫予以指責。

先試著接納與尊重他情非得已的想法，關注他的感受，再進一步陪伴他，走出這道難關，擺脫困境。

請勿套上道德的枷鎖

的確，沒有父母能夠接受孩子自我傷害。但是，面對眼前已然造成的傷害狀況，若我們貿然地脫口而出：「你知不知道這麼做讓我們多傷心？我們這麼多年辛苦地撫養你、照顧你，你竟然如此……」類似的話，多說只會礙事。

道德的枷鎖，只會讓眼前的孩子情緒更加受困，**覺得「爸媽真的不了解我」**，**道德的壓力也會壓得他心頭更加沉重。**

覺察自我傷害的訊息

在陪伴過程中，請啟動敏感與細膩的覺察力，思索孩子自我傷害的可能原由。

有時，可能來自於他的衝動性，或不知道該如何解決眼前問題的困境。

有時，則與心理上的憂鬱、躁鬱情緒有關。

有的孩子透過「痛」，來證明自己的存在。

有些人則是情緒勒索，想要讓對方妥協。

還有一些人，是期待有更多的關愛與注意回到自己身上。

面對孩子以自我傷害尋求解套的做法，必須找到解開他的「困境」的鑰匙。而這一點也考驗著父母：對於自己的孩子過往的生活及成長經驗，你有多了解？

自我傷害的替代方案

自我傷害是孩子尋求解決問題的一種方式。然而，若形成極端的自殺，那將成為一種無法挽回的遺憾。

有些孩子進行自我傷害，或許並沒有想要結束自己生命的意圖。但是這種刻意傷害自己的方法，多少意味著他對於眼前的狀況感到不知所措，找不到另一個合適的出口。

在孩子逐漸平靜、情緒緩和下來，且願意接受與父母對話之後，我們可以給予協助，引導他思考，例如：「除了拿美工刀割傷自己的手腕外，是否可以跟爸爸、媽媽一起來想想，有沒有其他的替代方式？」讓孩子知道，遇到問題時，並不是利用美工刀就可以化解的。

親子共同思考解決問題的其他方案，將這些腦力激盪出的想法，一一條列下來，並請你記得，日後要和孩子一起演練這些替代的解決方式，幫助孩子獲得「我也有能力解決問題」的正向經驗。

如何幫助資優生做好壓力調適？

幽默是面對壓力時的強心針

電視播出奧運比賽的畫面，志賢的爸爸若有所思地盯著看了一陣子，接著轉頭對妻子說：「老婆，你有沒有發現，志賢在高中資優班面對的競爭壓力，真的不輸給這場四年一度的奧運比賽。想想看，一群資賦優異的孩子被集中在一起，相互較勁，槍聲響起後，勝負立見，不是金牌、銀牌、銅牌，就是被淘汰。想要在班上保持輝煌的紀錄，談何容易啊！」

媽媽語重心長地回應：「這倒是真的。志賢從小就被大家賦予極高的評價，總

是被拱在尖塔頂端，我常擔心他長期沉浸在這樣的氣氛中，萬一突然間從雲端墜落了，會有多挫折。可是，一個人畢竟無法一直都保持在高點上啊！」

志賢進入高中資優班後，夫妻倆憂心著兒子的抗壓性是否足夠，對於他處理和調適壓力的能力持續保持關注。

電視播放著男子四百公尺接力賽項目，牙買加選手完成了三連霸的畫面。

「志賢從小學到國中，表現一直都是領先的，但是高中資優班高手雲集，老公，你覺得他耐得住壓力嗎？」媽媽愈想愈擔憂。

爸爸倒是氣定神閒地說：「這一點實在很難說。就算是高中資優班前三名、校排也在領先群的孩子，看起來好像對競爭和壓力司空見慣了，但也沒人敢保證絕不會出現問題。從班上到學校，有大大小小的各級比賽等著他們，在孩子的成長過程中，這是無法迴避的，也不需要迴避。我想我們能做的是隨時保持注意，協助志賢在面對壓力時知道該怎麼去處理，還有做好自我調適。」

聽了丈夫這番話，志賢的媽媽用力點點頭。

電影《小太陽的願望》裡有一句話：「真正的失敗者，不是那些沒有贏的人，而是沒去嘗試的人。」我們期待孩子從小建立起未來的競爭力，尤其是面對情勢愈形險峻、戰鬥愈形激烈的世界修羅場，父母多希望小孩能事先下載好各種「能力軟體」，以備不時之需。但我們也要考量孩子的身心容量是否負荷得了，會不會「超載」。

與一群資優的同儕競逐，不管是對手或夥伴，每個人的實力都不容小覷，畢竟個個都是經過篩選、鑑定後，在能力上的菁英及首選。競逐，也給了孩子檢視自己現階段能力的好機會。有競爭意識很自然，但是壓力當前，孩子並不會自然就知道該如何面對。我們必須在平時就協助孩子做好準備，培養充分的壓力因應與調適力。

資優生教養的「心」解答

別把孩子當賽馬

賭馬的人通常只在意最後的結果、在乎自己有沒有押對寶，沒有人會管馬兒想

不想跑、愛不愛跑或能不能跑。無論馬兒的身心狀況好不好，下注的人只期待牠上場之後能夠甩開其他對手，突破重圍，跑出牠的榮耀——和自己的高額獎金。

但孩子可不是賽馬，不能任由大人在一旁等著下注。**當他們加入競逐之列，最終目標也不該是為了大人的榮耀與虛榮。**

讓我們把私心擺一旁，冷靜思考，重新看待孩子的表現。

預留合理的退路

面對壓力，這群表現已經夠好的孩子常常「好還要更好」，自我要求加把勁，猛力往前衝。然而，在不斷地用力加碼下，卻少了自我調適，因而沒有了後勁。

引導資優生提升抗壓性，**要先讓他了解自己的特殊性，並要給自己預留合理的退路，允許自己有表現不盡理想的寬容值。**一旦孩子給自己的表現空間多些緩衝了，心理上也會比較舒坦。

爬山的人，縱使高山就近在咫尺，依然要有「萬一……時，必須放棄登頂」的心理準備。年輕時，我曾和登山社夥伴攀登名列百岳的白姑大山，卻因山頂積雪太深而扼腕撤退。就像這樣，你想要登高山，但有時會受天候、裝備、身心狀況等因素影響，讓你無法順利登頂。

但是，山始終都在那裡，隨時等待準備好的有緣人再相逢。

學習「洪荒之力」的幽默

我常說要認清一個人，就要看他在壓力之下如何表現，這時的反應最真、最純粹，也最貼近他自己。

無論平日我們表現得如何泰然自若，像化妝般用遮瑕膏遮掩，或多麼成功地修飾自己，一旦在壓力之下，一個人真正的本質將無所遁形。

四年一度的奧運盛會，對於每個參賽選手來說，都是壓力指數堆積到最高的時刻。從賽前的長期辛苦準備、比賽當下的激烈競爭，直到成績揭曉的那一剎那——已經繃到最緊的壓力，彈指即破。

在二〇一六年的里約奧運中，中國游泳女將傅園慧因一句「我已經用了洪荒之力」的神回應而爆紅，深受眾人矚目與喜愛。她在接受記者訪談時的反應，讓我們看見了一位選手在面對競賽壓力與結果時，表現出的超級正能量。

例如這段「洪荒之力」的經典對答：

傅園慧：「五十八秒九五？……我以為是五十九秒！啊！我游這麼快？我很滿意！」

記者：「這個狀況有什麼保留嗎？」

傅園慧：「沒有保留。我已經、我已經用了洪荒之力啦！」

還有這一段「我已經很滿意了」的回應：

傅園慧：「鬼知道我經歷了什麼！真的太辛苦了。我真的有時候感覺我已經要死了。我當初的訓練真的是生不如死。但是看今天的比賽，我還是已經心滿意足了。」

資優生教養的頭痛問題

記者：「是不是同時對明天的決賽充滿希望了？」

傅園慧：「沒有，我已經很滿意了。」

完美，很吸引人。但是，完美有時也會帶來致命的威脅。期待完美不可怕，比較令人擔心的是一旦發展不如預期時，當事人能否招架得住。

我們往往期待自己表現得好還要更好，獎勵多還要更多。但**「心滿意足」**這四**個字，讓我們看見了一個人對自我有合理期待時，所帶來的滿足。**

心滿意足了。的確，孩子該對自己的努力給個善意的回饋，自己已經盡力了。

幽默神回應，化解壓力

另一場賽事結束後，記者再次訪問傅園慧。

記者：「知道你游了多少嗎？……五十八秒七六！」

傅園慧：「哇！太快了！我打破亞洲紀錄了。」

記者：「如果說你昨天用了洪荒之力，那今天用了什麼力？」

傅園慧：「我昨天把洪荒之力用完了。」

記者：「那今天更快啊！」

傅園慧：「今天沒有力氣啦！」

記者：「你只比亞軍慢○．○一秒，其實非常有可能得銀牌。」

傅園慧：「那可能是我手太短了吧！」

幽默是面對壓力時的強心針，也是維繫人際關係最好的潤滑劑。這一點，在傅園慧的神回應：「那可能是我手太短了吧！」發揮到極致，最是漂亮。

人們看待競爭經常錙銖必較，更何況是奧運賽事泳池中那○．○一秒的些微差距，自然可以預期選手的反應：可能是悵然若失；可能情緒激動地無法接受這「落敗」的結果；或者抱怨不公平，現場抗議紀錄有誤，甚至於要求重新檢視比賽畫面……這些反應都很自然。

而難能可貴的是，面對○．○一秒的些微落敗，傅園慧竟可以用一句「那可能是我手太短了吧」來輕鬆帶過，頓時化解了尷尬，以及過度聚焦在那「〇・〇一」秒所衍生的負向情緒，以高度幽默面對比賽結果，令人激賞。

幽默，不單是所說的內容或詞語吸引他人會心一笑。有時，**在不同的時間、不同的場合、表達的方式不同，都會帶來不同的效果。**

透過傅園慧，我們看見了自然、不做作、逗趣、微笑等歷久不衰的正向特質。

培養超越自己的信念

記者進一步詢問傅園慧決賽成績。

記者：「這些年，其實你也經歷了很多，然後也經歷了很多傷病、很多不同種的心情，那此時此刻，你最想一起跟我們分享的心情是什麼？」

傅園慧：「最想分享的心情就是，雖然沒有拿到獎牌，但是……」

記者：「你成績並列第三啊！」

傅園慧：「啊？第三？」

記者：「你不知道？你到現在都不知道你並列第三？」

傅園慧：「我不知道啊！喔？那我還是覺得不錯的。這樣的話，我還是想跟以前那種在絕望邊緣掙扎的自己說：你以前的堅持和努力其實都沒有白費。就是今天並不是冠軍，但是我已經超越我自己了。我現在腿快抽筋了。我覺得還是挺好的。」

讓孩子**跳脫與他人名次的過度比較，回歸到和以前的我相較**，自己是否像傅園慧一樣，因為堅持和努力，成績表現又往前跨出一步。

這回沒冠軍，但是至少選手已經超越了自己。

第二部

建立平衡的關係網

——提升自我概念力及人際互動力

資優，讓孩子自我懷疑？

教孩子從喜歡自己開始，接納自己

在圖書館裡，喜愛閱讀的天逸無意間瞥見了美國詩人佛洛斯特的詩句：「林中有兩條分歧的路，而我，選擇人煙罕至的一條，使得一切多麼的不同。」他心裡突然感覺到一股暖流，那是一種他從未有過的共鳴。

就是這樣！他正是覺得自己走在一條很少有人走的路上。

頂著資優的光環，周遭的眼光無論是羨慕、佩服或不屑，都只讓他覺得孤獨，不被任何人了解。

長久壓抑了滿腹的委屈和無奈，此刻，天逸突然有股強烈的衝動，渴望找個人傾訴。他轉過身，也不管身旁的摯友小毛有沒有在聽，便自顧自地說：「小毛，你知道嗎？其實我並不想要與眾不同，可是我發現自己好像真的和別人不一樣，這讓我覺得，我跟同學們的距離愈來愈遠……在這一條人煙罕至的路上，我期待有朋友相伴。並不是要相互較勁、分出高下的對手，就只是能夠一起走在路上，相互支持，攜手同行的夥伴。」

一臉稚氣的大男孩娓娓道出他的想法。但是，突然聽到這一段像演講似的開場白，連一向有默契的死黨小毛也感到茫然。「天逸，你在說什麼啊？講得那麼深奧，我聽不懂啦！」

「小毛，別人或許不明白，但我們是好朋友，我只希望你能懂我。每個人看事情的方式本來就不同，邏輯不同、想法不同，思考模式也不同。的確，我的思考和大部分的人都不一樣，但這是我專屬的模式。我實在不知道要怎麼做，才能讓其他人了解這一點。其實我只需要一種互相的尊重……」

天逸知道自己的話讓小毛很困惑，但他需要藉著把想法說出口，做一些澄清。他明白，身旁許多人對他有誤解。如果任扭曲不實的偏見在教室裡流竄，而他自己一直悶著不說，會愈來愈不舒服。

「我真的很想讓大家知道，我不是高傲，也不是自大，更不是自以為是。我只是把自己所知道的忠實呈現出來。同學們或許無法馬上理解我在說什麼，沒關係，我在尋找知音，尋找了解我、懂我的人。要不這樣好了，我也可以學習如何用比較淺顯的方式傳達知識。不是有人這樣講嗎？『專業不是讓人家聽不懂，而是如何學習讓對方了解』，這是一種自我練習。」

「噓！天逸，你可不可以小聲一點？這裡可是圖書館啊！大家都在看我們。」小毛感到有些坐立難安，因為他知道天逸只要一開口，就很容易渾然忘我地長篇大論，完全忘了他們在要求安靜的圖書館裡。

天逸壓低了音量，卻再也無法壓抑自己的心聲。

「我真的不是像同學們批評的那樣，老是故意講一些莫測高深的話，那些事情是我本來就懂的。或許因此讓大家覺得不大能和我聊得來，甚至跟我講話會有挫折感……就像現在，我的話讓你聽得一頭霧水吧！」

他極力想強調的是，在和別人的相處中，他不是故意的，更不是要讓對方難堪。

「老師也說過我『愛演很礙眼』。但我沒有惡意，也不是愛演或愛現，就只是

想分享，因為我覺得這是一種非常喜悅、非常棒的經驗。只不過，我老是非常自然地把自己所懂的知識，用很快速的方式表達出來，卻沒有去考慮別人對這個領域懂多少，才會變成每次都講得很深奧。真的很不好意思……」

在圖書館裡，小毛只能靜靜傾聽，無法出聲給予任何回應。他能明白這個資優的好友心裡的孤單，但是一時之間，實在難以消化。

對於資優生，能夠了解他們的人真的不多。你呢？

資優生教養的「心」解答

從「我喜歡我自己」出發

孩子的資優天賦本來就存在，這是一種與生俱來的能力。這種能力，沒有辦法去補習班、才藝班「磨」出來，也不是提前去背、去演練那些智力測驗，就能假造出來的。資優是一種原汁原味的純粹特質。

所以，我們要**引導孩子學習跟自己相處，讓孩子喜歡自己、接納自己，與這種原本就屬於自己的天賦相伴而行。**

培養「欣賞」的能力

我們的社會需要多培養「欣賞」的能力，讓周遭的同學們了解，資優生並不會對自己帶來威脅。這一點需要透過老師協助，引導一般同學去欣賞資優生的特質與能力。**資優生只需要一種合理的對待，那就是能夠實際被理解，但請不要放大、不要誇張。**

首先，要讓同學們真正了解資優生的特質，協助一般生學習與資優生好好相處，同時也協助資優生看見班上其他同學的優勢。

在課堂上，避免一直強調資優生的優勢能力，也別讓同學只看到資優生成績

好、分數高。資優的孩子們需要友善的環境、友善的眼神與友善的對待。

讓孩子了解自己有不懂的地方，欣賞每個人的有限，也接納每一個人的有限，並且能欣賞別人所擁有的能力。

接納資優本來就是「我」的一部分

「他是一個十歲的小男孩，他有亞斯伯格症的困擾。」這是在演講中，我經常向現場聽眾強調的——當你看見亞斯（或自閉症、注意力缺陷過動症〔ADHD〕、選擇性緘默症、妥瑞症的孩子等），請先看到他身為一個「孩子」的事實。

另一方面，患有亞斯伯格症的孩子需要練習接納自己的所有特質，因為終其一生，亞斯伯格症就是伴隨著他。

換個角度想，對於資優生來說，也是相同的道理——「資優本來就是屬於『我』的一部分」。

孩子要先接納自己的天賦，因為終其一生，資優特質都將伴隨著自己。

表達出自己的需求

「我不得不提醒自己，有些鳥是無法被關在籠子裡的。牠們的羽毛太亮眼了。」這是電影《刺激一九九五》裡的一句台詞。

我總是不厭其煩地強調一句話：「孩子不說，不表示他沒事。」特別是資優生心中深藏著如同萬馬奔騰、滾滾岩漿般的思緒、想法與感受。這些被地殼覆蓋住而躁動不安的岩漿，不時在尋找著出口。

就讓火山自然地爆發吧！**讓孩子說出心裡的需求、心裡的話，鼓勵孩子練習自我對話，並把這些想法寫下來。**例如：

- 「有時候，我喜歡獨自一個人思考。貼切地說，是我還沒有找到知己。一個人思考，我可以非常天馬行空地想到哪裡就到哪裡。我可以讓自己非常專注地自言自語，把我所知、所想，在我的腦海裡、文字裡，透過鍵盤和口語展現。」
- 「我不是賣弄，只是很自然地想要把我所知道的事情跟你們說。就像一個小朋友非常喜歡火車，他也會很自然地告訴你，和你分享各種蒸汽火車、日本新

幹線、山手線或環島列車。他會跟你分享很多他熟悉的事物。他不是愛現，只是想分享，我也是如此。」

●「不要誤會我，也不要誤解我。我真的很想跟你當好朋友。我也只是個孩子，你們十七歲，我也十七歲。我的心智年齡也許已經超越二十歲，但我的生活經驗、生命經驗，跟各位同學差不多。」

●「我也想要有朋友，想要跟同學一樣，一起玩game。大家上FB和LINE，我也有這個需求。請你們不要忽略掉這一點。不是我愛強調，我只是想讓你們知道我所擅長的事，也許在數理，也許在語文。但那只是我的一部分，我還是我，還是一個孩子。」

●「請你們也尊重我身為一個孩子的權利，試著了解我。我也真的很想讓你們了解我。我練習接納自己，不再排斥自己的資賦優異能力。這本來就是我。」

以此類推，和孩子一起多多練習自我表露內在的想法吧！

認識孩子心中的老靈魂

有時，我們會懷疑資優生的身體裡面似乎住著一個老靈魂。**他們和比自己年長的人可以溝通，覺得對方懂他、了解他、知道他在說什麼，也聽得出來他想表達的。**

為什麼會這樣呢？資優孩子的心裡，或許是這樣想的：

「我對於事物的解釋自有一套獨特的看法。我有豐富的知識背景、巨大的資料庫，誇張一點地說，或許就像Google一樣容量無限。在看一件事情時，我除了有高明的組織能力、辯證能力和分析能力，也自有一套很精準的邏輯思考，或能夠引經據典。這些邏輯思考方式對於一般同學來講，可能無法想像，但是，年長的人就比較容易知道我在說什麼。」

在此只是提供一個示範。我們可以像這樣去感受、去推敲孩子心裡真正所想的，去讀懂：住在孩子內心的，到底是怎樣的一個老靈魂？

資優生很難交到知心好友？

從聊天中探知孩子的交友狀況

下課鐘響了。依往例，小武又是一個人來到生態池畔流連。每當導師遠遠望見他的背影，心裡都在想：「這孩子果然資優，像個自然生態專家一樣對人工濕地那麼熱衷。他對於微生物、水生動植物一定很有研究……」

老師的假設的確有可能——但且慢，這或許是我們一廂情願的看法，也可能僅是「資優生愛好研究」的一個假象。

小武愛好自然生態的表相，讓老師少了另一層的關注——這孩子是需要友伴的。老師也因為沒有察覺，而沒有任何作為。

不管資不資優，孩子都愛伴。只不過，小武總是壓抑著不說，缺乏友伴的苦悶只能深藏在內心。

其實，小武的心裡有好多、好多的話想對朋友說，他多麼期待能夠將這份孤獨打破。但這一切，似乎只有生態池裡的小烏龜願意傾聽。

他對著烏龜喃喃自語著：

「沒有人知道我在想什麼。為什麼？為什麼？為什麼？小烏龜，你知道嗎？這個疑惑我已經在心裡放了好久、好久。我好痛苦。我真的非常不喜歡一個人的孤單，好想找人說說話，但是都一直找不到朋友。常常有人說我怪，說我愛現、愛招搖，認為我的出現總是讓他們難堪……」

說到這裡，小武彎下腰，撿拾著一旁的落葉，撒向生態池裡。

「我想要被接納、被了解，我也想要下課時和同學一起玩。沒有人希望被排擠啊！我為什麼會讓人家討厭呢？請你告訴我，小烏龜，我到底做錯了什麼？我只是想要學習，我只是對事情會很好奇，我只是忍不住想問問題……」

小武邊踢著石頭，邊難過地說著。

身旁沒有人可以回答他這些問題。

「我好討厭這種不被人了解的感覺！」

此時，上課鐘聲響起，該是回教室上課的時候了。

校園裡，一個人的孤獨身影讓人心疼。

有時，孩子下課遠離教室，是一個不得不的殘忍抉擇——既然在教室裡沒有人可以交談、沒有人願意作伴，退而求其次的方式，就是遠離教室這個焦慮源。一個人，只好來到舒適圈，可能是生態池畔、操場邊，或者校園裡的某一個角落。

但是，這種情況也很容易讓同學誤解，以為他就是喜歡一個人獨處，或者他可能不好相處，甚至覺得他根本不把同學看在眼裡，於是更沒人想理他。

這樣可就誤會大了！

在資優生的人際需求上，在幫助孩子揮別孤獨這件事情上，我們還有許多的努力可以做。

資優生教養的「心」解答

每個孩子都渴望有玩伴

就算是再怎麼有天賦、有能力的孩子，他還是一個孩子，也會想要有玩伴。

「一個人」，不是他自己的選擇，而是他一直找不到頻率相當的朋友。

一般人會覺得資優生有點怪。但是，到底是我們不懂他？還是他真的太奇怪？這一點的確需要我們深入思考。

資優生的知己難尋，特別是在小學、中學的普通班級裡，畢竟這些孩子在思考的深度、廣度、速度與模式上，的確跟一般的同學有差別。

「我的真摯好朋友在哪裡？」你是否聽見了孩子的這聲吶喊？

別把資優生當客人

目前國中、小學資優生的安置方式，主要是採取多數時間待在原來的班級，有一些時間抽離至資優資源班上課的「分散性上課」方式。

然而，抽離部分時間從原班出走至資優資源班上課，當下往往強化了一種「差別待遇」的印象，原班級裡的一般同學會認為：「憑什麼資優生就可以離開教室，我們不能？」

這種情況，也同時反映在身心障礙的孩子——例如有ＡＤＨＤ、自閉症、亞斯伯格症、學習障礙同學的身上，甚至於有些孩子怕被笑上資源班，顯得自己與其他人不同，而不願意去上課。

不同的是，資優生不是擔心被笑，而是怕其他同學會投以異樣眼光，這當中可能存在著妒忌、羨慕或不以為然的複雜情緒。

「資優生不是客人」，這一點，期待班級導師能夠有效地讓其他孩子了解。只是很殘酷的是，有的老師也會覺得資優生在原班像客人。教室裡，老師如何看待資優生，同時也將影響一般同學如何對待他。

資優生不是客人。他只是短暫離開教室，到一個能夠提供適性教育、滿足他需求的學習所在。

留意孩子的聊天話題

你清楚自己的小孩在班上的人際關係嗎？他是否會向你提到○○○，或者××？在你們的對話之中，他會提及朋友的名字嗎？如果有，是誰？他的朋友，你熟不熟悉？或者請你仔細回想，**是否曾有任何朋友的名字，出現在你們的對話之中？**

請留意，當孩子在校園內孤單一個人時，他不見得會主動開口或願意向你說。

面對資優這身分，大人看見的跟孩子所期待的，可能沒有交集，重點也不一樣。有的孩子討厭這種特質，認為這讓自己和同學格格不入、頻率不對盤。有時，資優生很難找到可以對話的同學，一個人很孤單。

主動出擊，搜尋頻率相近的好夥伴

資優，不該是人際疏離與鴻溝的原罪。

有時我們會發現，孩子竟然可以跟年紀比他大的朋友、長輩與老師順利對談，這或許是因為知識頻率相近，彼此能懂。

人與人相處，頻率相近的共鳴經驗是非常關鍵的因素之一。國中、國小的資優生在原班教室裡，要去找到資賦相近的同儕並不容易。這裡的「頻率」並不單指才能或學習領域，而是同時跨至興趣、話題、娛樂與個性等交集。

那麼，我們就主動出擊吧！翻開班上同學的名單，陪著孩子一起尋找貼心的好夥伴。想想哪些同學態度最友善，能接納自己，主動寒暄，喜歡和自己聊天，和他在一起，心情就很愉悅。同時，對方具備了吸引自己想要和他做朋友的特質，例如：開朗、活潑、善解人意、幽默風趣、反應快，或微笑常掛在臉上等。爸媽也可以分享自己的交友經驗、選擇朋友的條件，以及自己好朋友的特質等。如果班級導師願意出手幫忙，更將是很有利的推手。

雖然資優兒之間的相處頻率最近，互動起來也最有勁，但誰說資優生只能跟資優生當朋友？沒這回事。

讓親密感保持恆溫

有時，孩子對於親密感的要求過於炙熱，結果嚇到對方，也傷了自己。

有時，孩子太過於熱情與殷勤，往往一股腦地投入、付出，讓對方負荷不了、招架不住。

來往和互動成了一種負擔，很容易讓對方與他保持疏遠的距離。

你清楚孩子如何看待親密關係嗎？你熟悉孩子如何展現他的親密關係嗎？孩子須**留意對方的感受**，**覺察對方的反應**，在情感的施與受中，別讓彼此心裡都不美麗。保持人際恆溫，將讓彼此都最舒服。

學習微調自己的人際特質

人際關係與學習領域是非常不同的兩件事。

大多數資優的孩子，在學習領域中能夠自由揮灑，優游於邏輯思考、歸納統

合、演繹推理、語意掌握或組織修辭的天賦，無邊際地翱翔。但人際關係的挑戰，實屬一種相互動態的關係，其中所存在的複雜度，和難以掌控與預期的程度，往往讓他們一不小心就中箭落馬，摔得渾身是傷。

有些資優特質會對於人際交往帶來負能量。例如常見的跳躍性思考，孩子的想法像強力的彈跳球般，常讓對方捕捉不到他的節奏，老是漏接，久而久之乾脆退場不玩，離他而去，免得把自己弄得烏煙瘴氣。這一點常讓資優兒感到懊惱，畢竟自己身不由己，也非故意。

在此存在著一個值得思考的議題：資優生是否需要調整自己的部分特質，好讓自己更能夠融合於一般的群體中？

我想，的確是需要的。**我們期待一般生接納資優生的所有特質，與此同時，資優生多少也需要微調部分有礙人際互動的特質**，前面所提及的跳躍性思考便是一例。

以跳躍性思考來說，並非隱藏起來，但至少孩子要能夠自我覺察，最後要想辦法以「對方聽得懂的方式」，讓對方明白。

人際問題分析

「數學不會，它還是擺在那邊，一個禮拜、一個月之後，仍然靜靜地等著你去解題。但是，人際關係很微妙。現在朋友和你一起玩，可是到了下午他就不再跟你玩。」我喜歡以這段話來說明人際關係的動態與多變。

在輔導經驗中，常聽孩子疑惑地問：「我什麼都沒有做錯！為什麼到了下一節課，他不再跟我玩？」孩子，或許你真的沒有錯，只是到了下一節課，朋友遇見他的好麻吉，因此他選擇了和麻吉玩，而沒和你玩。

人際關係的複雜就在這裡，孩子的交友困惑也就油然而生。即使再怎麼天資過人的小孩，也不見得在這件謎樣的事情上就能豁然開朗。當注意到孩子在人際關係上出了問題時，我們要試著一一去釐清可能的原因，才能搞清楚解決的鑰匙在哪裡。

有些孩子的問題出在衝突，「我打，故我在。我吵，故我在」，以衝突證明自己的存在；有些是疏離；有些則是被排擠。有的孩子對人沒感覺、沒興趣。有的孩子不知道怎麼跟人家玩，有的是不會玩。有的常常希望別人按照自己的方式玩。有的則模仿了壞的榜樣。有的孩子與人互動會焦慮，有的孩子太依賴某些人。有的

孩子有伴，但是覺得自己的需求沒有被滿足。有的孩子或許衝動，或許不會察言觀色，或許看似軟弱，或許因學業表現低落而讓人討厭。

可能的影響因素太多了，我們要試著從中釐清，在孩子身上發生的是哪個原因，因為他自己或許也說不清、理不明。

真的，我們必須靜下心來想一想，在孩子的人際關係上，我們大人到底付出了多少努力，在這方面給了孩子多少磨練的機會。就算是資優生，也不會自然而然就擅長建立人際關係。

或許你期待孩子只要成績好就行了。但是，我必須要告訴各位：**當孩子的人際關係不好，他的成績一定兵敗如山倒。**

父母請細心地釐清以上的原因。別期待孩子會主動向我們告知、說分明。面對孩子在人際關係上的困境、落寞、爭議、焦慮或無所適從，我們必須啟動如福爾摩斯般的辦案精神，仔細推敲，耐心蒐證。

讓孩子感受到，你對於他人際關係的關注。

讓孩子了解，你想要一起陪伴他的態度。

讓孩子願意一起和我們分享他在人際關係上，所有看似小事的大事。

資優生的幽默，別人很難懂？

學習在適當的時機，說適當的話

下課時，班上的「幽默大師」呈林模仿起日本搞笑藝人「PICO太郎」創作的一首網路流行神曲〈PPAP〉，邊手舞足蹈邊唱著：

「I have a pen, I have an apple, ummm, apple-pen……」維妙維肖的動作笑翻了一群同學。隨後他天馬行空自創的kuso版，更是令大家拍案叫絕。

一旁看著的晉哲感到不解，就這幾個英文字串來串去，笑點到底在哪裡？

可是，呈林說話很溜，內容很深，具有超級細膩又敏銳的幽默感，幾乎是經全班認證通過的。常常他說著說著，周圍的聽眾就聽得很投入。

這一點，晉哲就弱了，他倒是常常自己講得天花亂墜，笑得人仰馬翻，對方卻一頭霧水，甚至氣得乾瞪眼。

「哇塞！我的眼前一片『挪威的森林』耶！」晉哲望著眼前女同學玉珠的劉海，笑著說。

「你走開啦！討厭鬼，每次講話都很傷人。」玉珠不但不領情，還感到很厭惡。

晉哲還在笑著問：「你不覺得很好笑嗎？」

玉珠氣得大罵：「一、點、都、不、好、笑！我完全聽不懂你在講什麼，而且我覺得你根本就是在諷刺我，嘲笑我。」

「好奇怪，明明同樣都是資優生，為什麼晉哲和呈林在班上的人緣差了十萬八千里？」一旁的晴晴忍不住說話了。

「我覺得晉哲根本自以為是，老講一些冷笑話，無聊！」玉珠忿忿不平地說。

「我看，關鍵是晉哲根本不了解眼前的狀況。就像這個時候，同學想不想聽、他說的人家愛不愛聽、聽不聽得懂他的幽默，或者，根本只是他自認幽默。」晴晴丟出這段話，便和玉珠一起掉頭離開了。

晉哲一臉無辜，心想：「『挪威的森林』有哪裡不好笑？」

資優生的幽默，是否能夠使命必達地迅速傳達給對方？幽默與玩笑之間的分寸，是否能夠掌握得恰到好處？每個人的功力不盡相同。有時，孩子將自認為幽默的訊息拋出去，但是對於接收的人來說，如果沒有實際感受到他所要傳達的訊息，甚至於誤解了其中的用意，反而容易造成反效果。

資優生教養的「心」解答

揮別自以為是的幽默

提醒孩子隨時檢視並適時更新自己的幽默，以免他講了一些自以為好笑的話，

其他人卻覺得不知所云。有時則會出現他自以為幽默，對方卻不以為然的情形。

一個笑話好不好笑，當然見仁見智。但幽默由誰認定？別忘了，是取決於對方的感受，而不是我們自己說了算。孩子需要認知到話語是一把雙面刃，要謹慎運用。引導孩子學習在適當的時機，說出適當的話，讓幽默到位。

他可能需要範例，特別是同時伴隨亞斯伯格症特質的孩子。

我們可以試著利用影像找例子，萃取幽默影片的經典。例如，透過英國電視喜劇《豆豆先生》式的腦筋急轉彎，讓孩子判斷當中存在的幽默元素（創意加趣味）。

在吸收、理解、發現關鍵細節與元素上，資優的孩子自有他一套快速的整合歸納方式。但幽默不是自己覺得好笑就行了，也不該太高深莫測，畢竟，幽默是需要對象的。如果孩子能夠說出老少咸宜的笑話，那就是皆大歡喜的結局了。

發現影片中的趣味點

百事可樂有一則廣告，背景設定在二〇〇二年的世界盃足球賽。廣告中，巴西足球明星卡洛斯接受一個日本小朋友索取簽名，在簽完名之後，對方送給他一瓶百事可樂，並很日式地九十度鞠躬道謝，卡洛斯也鞠躬回禮。

後來在比賽中，因為對方隊伍犯規，讓卡洛斯有了一次踢十二碼球的機會。面對球門前的人牆，卡洛斯突然想到那孩子鞠躬的畫面，靈感一來，在踢球之前，他向對方九十度鞠躬，結果對方人牆也九十度鞠躬回禮——在那一瞬間，卡洛斯輕鬆把球踢進了球門。

廣告中，善用了文化之間的差異，令人會心一笑。

讓孩子找出每部影片中的趣味點、讓人會心一笑的點，去觀察別人為什麼會笑——提醒自己是和對方一起笑，而不是要使他難堪。

建立幽默笑點的分享平台

在學校裡，老師可以**在教室設計一個平台，讓同學們彼此分享幽默點子或笑話。**

這樣的設計並不是要分高下，畢竟「比較」這兩個字，已經出現在太多資優生

的生活中了，而且一般同學敏感及厭惡的也是這樣的氛圍。

這麼做，就只是很單純地分享，讓每個同學都有機會把自己在生活中、網路上所知所見，透過這個平台分享出來，無論是孩子原創的、網路聽來的、從書上看見的，都可以盡情地分享。

例如，伍迪·艾倫對於死亡有一句幽默名言：「往好的一面來看，死亡是少數容易做好的一件事，你只需要躺平。」看了這句話，你是否從中感受到那讓人會心一笑的關鍵點？

對於聽者來說，如果能夠感受到共鳴的話，自然會佩服說話者深厚的幽默功力。

而要讓聽者產生共鳴，所述說的內容，主要在於能使他產生共同的經驗與感受、貼近他的生活和世界，這是再美好不過的。

此外，**也可以讓同學們練習攜手合作**，**腦力激盪出幽默與笑話**。我想，在思路靈活的資優孩子帶動氣氛下，幽默與笑話將如天然湧泉，源源不絕。

找出自己的幽默方程式

資優生的幽默感夠強，如果他的幽默能戳中周圍同學們心中的那個「笑點」，讓人聽了會心一笑，我想，這份幽默就是討喜的。

我相信，比一般人更敏感、腦袋更高速運轉的這些孩子，在平時說笑話或展現幽默時，可以透過對事物的靈敏覺察力，**仔細觀察、記錄聽者的反應或回饋，整理、歸納出一份聽者的「滿意度調查分析」，綜合判斷能否找出屬於自己的「幽默方程式」**，讓自己敏銳的幽默感真正傳達出去。

察言觀色，遠離尷尬

有些話，說的人或許無心，對於聽的人來說卻可能有不同意涵。最怕的是我們說出去的話像弓上弦、刀出鞘，令對方不自在、尷尬，甚至在不知不覺中傷害了對方。

雖然並非所有的資優生都自以為是，但是，卻很容易讓周遭的人有此誤解。有個觀念要讓孩子知道：他如何看待一般同學，也決定著對方如何看待他。**友善的眼神，很容易判斷。同時，減少批判。過多的說理和論述，往往會使一般同學無法招架，也聽不進去。**

孩子抱怨別人像玻璃心一樣脆弱，無法接受他的幽默，由羞愧轉生氣。然而，他可能忽略了自己所說的話像小鋼珠一樣，破壞的威力十足。

提醒孩子，有時我們講出一句話，別人聽到的不單是字面上所陳述的事。說話時的語氣、音量、語調、表情或肢體動作，通常也左右著接收者的感受。

「我沒那個意思！」說話者常常如此辯解，但是對於聽的人來說，他就是感覺到了。這也是孩子平時必須要練習的「察言觀色」基本功。而且我相信，以資優兒的智慧，只要我們陪伴他一起下載、安裝並開啟了這個程式，他是可以很快上手的。

同學利用資優生代做功課？

協助孩子思考人際關係的界線

資優生很行，這一點，同學們大都知道。資優生在某種程度上很單純，進一步與他接觸就會發覺到。資優生很好利用，如果你真的想從他身上獲得好處的話。

在國中的普通班級裡，資優生像顆耀眼明珠般，令人垂涎。

這天，志中那一掛同學特別熱心地圍繞著明光，平常他們很少理明光的。

「阿光啊，你這麼行，這幾題就幫忙算算看嘛！反正這對你來講輕而易舉。怎麼樣？考慮看看，幫個小忙，以後就換我們罩你，如何？我的好兄弟。」

突然聽志中用這麼親暱的語氣說話，明光有點遲疑，但想想他說的那幾題數學，自己算起來花不到十分鐘，這不難。

「哎呀，你可是資優生耶，不需要跟我們計較啦！你和我們又不屬於同一個level。怎麼樣？」志中繼續遊說。

「我只幫你這一次，下不為例。」明光勉為其難地答應。

「行！這一點我說到做到，就這麼說定了，兄弟。」志中像平常對麻吉那樣勾著他的肩說。

在班上，明光難得享受了一段看似被接受的日子，卻沒料到接下來，一段又一段利用他的計畫正虎視眈眈地等著他。

「喂！明光，聽說你有在幫人算數學作業的題目。既然有這項服務，那你也幫個忙，讓我們享受一下福利，不然說不過去喲，兄弟。」同學對他說。

「奇怪，怎麼他也叫我兄弟？」明光心裡狐疑著，「不過，既然之前已經幫了志中他們，這次再幫另一個人也是小事一樁。」

就這樣，明光幫忙解答、算題目的「服務」，漸漸在班上傳開來。同學們輪番來找他，稱兄道弟地請託解題。一次又一次，明光逐漸習慣成自然，界線愈來愈鬆、愈來愈模糊。但是沒關係，跟大家稱兄道弟，還真是好滋味。至少，他在班上的朋友變多了；或者更貼切地說，是來「求答案」的朋友變多了。管他的，這也算朋友啊！

然而沒多久，明光幫忙解題的事傳到了導師耳中，老師怒不可抑地把他叫過去詢問，並訓斥了一頓。先前請託幫忙的同學都把矛頭指向他，推說是他自己主動提出來要幫忙的，他們原本也不想這麼做。

但這樣的說詞，明光當然無法接受，因為實情並不是如此。

「不公平、不公平、不公平！事實並不是這樣的。為什麼他們要利用我？只因為我的成績比他們好？借筆記、劃重點、解數學題，這些對我來說輕而易舉。是班上同學覺得可以理所當然地向我要求，是他們請我幫忙的耶！老師，為什麼你不聽我解釋？」他極力澄清，但是同學們指證歷歷，讓導師實在很難相信他。

身旁的同學們三三兩兩地訕笑著。接著，更難聽的流言在班上流傳開來：

「資優生就自以為了不起？品德差又有什麼用！竟然想靠自己的聰明才智來收買同學。還好導師發現得早，不然這股造假歪風一吹，那還得了。」

明光的心理重重地受傷了。這件事，讓他開始對別人產生極度的不信任。在班上，他不想再和同學有任何瓜葛了。

資優生教養的「心」解答

同理這份受了傷的信任

資優生對於情感的反應往往非常細膩與強烈，一旦在人際關係上遭利用，會感到極強烈的難過、生氣、惱怒與不解。另一方面，縱使周圍的人一開始就不安好心地想利用他們的善意與能力，他們對於關係和情感的投入仍會相當深。

或許孩子受利用的行為不智，不過，心裡受傷的感覺卻相當真實。**不要忽視這樣的感受，也請別灌輸他「這一切沒什麼」的想法**。傷，很有感覺。傷，會留下疤痕。傷，如果沒有適當處理，除了疤痕，也很難讓人忘記。

孩子被背叛的強烈感覺，請你千萬別忽略。這份受了傷的信任，需要我們的同理。這種難熬的感受，很容易讓孩子深陷其中，需要很長的時間才能慢慢掙脫。

謝絕「軟土深掘」

幫忙解題、代算數學，這些對資優生而言大多僅是舉手之勞。或許也正因為這種讓其他同學挺耗神的事，對自己來說卻很容易，因此當他這麼做時，沒有想到其中的嚴重性。更何況在初期，同學們的反應很熱烈，「使用滿意度」還滿高的，大家也很容易食髓知味，繼續向他拗下去。

然而，「軟土深掘」——土愈軟，就愈容易被人得寸進尺，愈挖愈深，這一點是孩子需要了解的。

就因為雙方都把情況看得理所當然，這種不對等關係也就順勢地自然發展下去了。**孩子是否容易被同儕得寸進尺？不只他必須隨時檢視自己的行為模式，父母也要多加注意。**

土別太軟，鼓勵孩子發揮該有的立場與堅持，讓土硬起來。

有的時候，吃虧並不是占便宜。「軟土深掘」，免談！

自我覺察情感投入的速度

資優生對於情感的投入真的是又急又快，像是驟雨般，有時連他自己都措手不及，反而淋了一身濕，很容易就生病了。有的時候，則像自由落體般迅疾猛烈地加速度，往往使他在關係中受傷。

面對感情，首先，我們要帶著孩子學習放慢速度。

例如，可以發揮資優獨有的豐富想像力，想像自己拋出了一顆超慢速魔球，最好慢到連測速槍都測不到。也可以將情感的投入比喻為區間列車，每站都停，一站、一站，慢慢地檢視彼此的友伴關係，這也是一種保護自己的好方法。

此外，孩子需要了解自己的情感及人際交友的「體質」（具體方法請參見第一百三十四至一百三十七頁）。這種自我覺察是很重要的，我始終深信這是資優生必須不斷修習的課程。

同時，我們要協助孩子去思考人際關係的界線。雖然他可能常常不知不覺就越了界，不過，設置停損點，別被「軟土深掘」是絕對必要的。

分組融合，也要分工合作

原班教室裡，資優生在學習領域的強勢的確是一股勢不可當的旋風。對於這一點，班上的同學又愛又恨。愛的是，如果有資優生在同一組，那真是如虎添翼，報告的完成度超高不用說，其他組員只要在旁邊輕鬆地搖旗吶喊，高分馬上入手。恨的是，和他不同組的同學看在眼裡，除了眼紅，還是眼紅。

分組，的確是讓原班同學快速接受資優生的一種直達方式。雖然有點現實，但不可否認的，如果自己這組有個「神」一般的隊友，誰不愛？

不過，家長、老師和孩子本人都請特別留意，**雖然資優生在分組時可以盡情發揮，但不表示其他同學就能理所當然地占便宜**。必須有合理的分工合作，各司其職，而非僅讓那個大家眼中的「神人」一個人獨攬所有的工作。

細膩與體貼地進行分組

關於分組的進行方式，我想應該可以再更細膩。至於是讓孩子自由分組，或者

由大人強迫分組，甚至憑運氣抽籤，則各有不同的考量。

老師在讓孩子們分組時，若能第一時間掌握以下這幾點，將有助於後續進行：**每個孩子在班上生態的優劣狀況、同學之間的關係連結強度，以及班上成員的特質**（包括：主導性、輔助配合、參與、相對弱勢、遭受排擠、衝突，或者自以為是、唯我獨尊等）。

利用自然分組，在找人與被找、邀請和拒絕之間，透過一次又一次的選擇、交手及互動，讓孩子在形成小組的過程中，經歷團體的動力。同時，每個孩子得啟動自己的社交天線，展現人際互動能力。

身心特質與能力各不相同的孩子們，在面對這複雜的團體動力時，也各有不同的感受與反應，可能是趨近，也可能是逃避。

人際關係不像學科的學習。遇到不會的數學題時，把評量、考卷擺到一旁，一個月後，它還是平放在桌上等著人去解題。這種單向式的關係較單純。

比起來，人際關係的互動卻相對微妙、複雜許多。這一堂下課和自己玩的同學，到下一節可能突然不再一起玩了，不一定是因為自己犯了什麼錯，或許只因為對方有更要好的朋友出現。雖然無奈，但這也是現實。

資優生教養的頭痛問題

就算再有智慧的小孩，也依然需要一些人與人互動的經驗值，這是一段必經的成長過程。主動找人、被動等待、相互協調、呼朋引伴、展現優勢、隱藏劣勢、修正行為等，這些都是自然分組所帶來的積極正能量。

只是在班上，有些資優生在人際關係及社會互動上，傾向於相對弱勢，而一直苦於被冷落、被拒絕與被排擠。在這種情勢下，自然分組反而成了一股不可承受之「重」。每到分組的關鍵時刻，孩子便感到壓力籠罩心頭，久久揮之不去。

分組對弱勢的孩子來說是一種折騰，如同羅馬競技場般殘酷。

我們需要敏感及同理孩子這些感受，同時，替他營造被接納的情境。我想，這是第一線老師可以發揮舉手之勞順勢而為的。先讓孩子有機會透過強迫分組的方式找到歸屬，免於陷入總是落單的尷尬。例如，依座號一至五號一組、六至十號一組……以此類推，或者採隨機抽籤的分組模式。

讓孩子免於陷入總是落單，自己一個人的尷尬氛圍，先幫助他鬆一口氣，再進入分組門檻，如此，也讓他多了一些與同組夥伴共處的機會。

有伴，有歸屬。對於相對弱勢的孩子，這將是他在教室裡的一股安心作用。

資優生都這樣問個沒完嗎？

學會把問題寫下來，寧靜提問

「你給我閉嘴！」承浩再也按捺不住心中一股怒氣，對小斯吼叫著。

一旁的大胖也接著鼓譟：「對呀，小斯，你不要在那邊亂問！」

「我沒有亂問！」小斯不甘示弱地回應。

承浩罵：「你根本在找碴！以為自己多資優、多厲害嗎？」

「我沒有找碴。是你不懂我的問題，無知。」小斯也回罵。

「你說什麼？什麼叫無知？連老師都無法回答你耶！你不是故意來亂的，那是什麼？」承浩愈說愈火大。

大胖也跟著撂下重話。「小斯，你的態度很不好喔。你給我小心一點！」

小斯委屈地說：「為什麼我有疑問不能問？」

「誰教你亂問？別老是問跟上課無關的內容。你覺得好奇，就回家問你爸媽、去查維基百科，或請你爸媽幫你找家教都可以！」承浩一股腦地抛出心裡的不滿。

「這裡是學校，本來就什麼都可以問。誰規定不能問的？更何況，我就是不喜歡死背的東西啊！一背、二背、三背，我明明都會了。」

「誰理你啊！都會了，又怎樣？不然你出去啊，離開我們班啦！你轉學啊！臭屁個什麼勁。」大胖反駁著。

其他同學也加入戰局，紛紛鼓譟著：

「問那什麼鳥問題！根本沒有答案的問題，老師哪知道怎麼回答！」

「你以為全班只有你一個人啊！問東問西，討厭死了，這樣我們怎麼上課？」

「要什麼特權啊！你在教室裡，讓我們覺得自己像笨蛋。」

「你行啦！你很行啦！那又怎樣？滾啊！滾出我們班啊！」

「滾出去、滾出去、滾出去。抗議、抗議、抗議。」

資優生都這樣問個沒完嗎？

小斯以一擋全班的態勢，顯得招架不住。論氣勢、論聲勢、論口水，就算他再怎麼能言善道，終究是處在面臨萬箭齊發的險境。

「老師，你也說說話嘛，管一管，叫他們別再吵了！」班長昱婷開口了。她望著一臉不知所措地尷尬呆立在講台上的老師，大聲抗議著。

講台下，戰火沒有停歇的跡象。

在教室課堂上，老師有些不同的苦惱。有時候，孩子們像個指示牌立在座位上，不愛提問，讓老師像單口相聲，在舞台上獨撐了整堂課。而一旦班上有資優生或ＡＤＨＤ的孩子，整個狀況又另當別論。

資優生突如其來的愛發問，對老師所造成的教學困擾，強度絕不亞於ＡＤＨＤ的過動──衝動模式。

腦袋高速運轉的資優生，問的幾乎都是沒有標準答案的申論題。這對於台上的老師及底下的同學們來說，有如天外飛來一筆，往往也造成他與同學之間的衝突，成了讓同學心生反感的導火線。

教室裡，遇到因資優生提問所造成的紛擾，老師往往不知道該如何是好。

孩子愛發問到令人討厭的情況，要如何改善呢？

資優生教養的「心」解答

體諒資優生的求知若渴

資優生有超出一般人的好奇心，也因為這樣的特質，常拋出許多無限制、無邊際又天馬行空的疑問，而且往往不自覺地把自己想要知道的問題，一個一個不斷拋出去，讓對方有如面對十七級暴風的威力般招架不住。

不妨觀察一下，家裡的資優兒是否有類似困擾，面對班上同學對於自己發問的反感，他心裡可能會產生一些質疑：

「我有不知道的事情，為什麼不能問？老師答不出來，為什麼是我的錯，而不是老師的錯？我只是發問，是老師自己答不出來。難道我要迎合別人的能力嗎？」

請體諒資優生的求知若渴，並開啟對他們的接納模式。

寧靜提問：把問題寫下來

有疑問時，該不該問？我認為這不是可以用二分法解決的問題。迫不及待地想問，好發問，遇到不解的疑惑就想問——這是很常見的資優特質，但是，畢竟國中、小學的資優生大多還是處在一般的班級裡，所以也需要顧及全班上課的節奏與其他同學的感受。

愛問是好事。不過，誰說一定要用嘴巴問呢？**可以引導孩子在必要時把問題「寫下來」，手寫或打字都很好。**

透過文字，疑問以寧靜的方式提出了，如此一來，發問者表達了求知的需求，同時也顧及了老師與同學上課的感受。畢竟學生拋出的問題，老師不一定、也不需要立即回應，而其他同學上課的權利也需要被尊重。

學習彼此體諒，這也是資優生情意能力的一種提升。

限時提問，限量發問

或許同學能夠了解並接納資優生愛說話、好發問，但我認為，資優生本身也要很有智慧地讓自己學習問在刀口上，問得恰到好處。

延宕自己想要發問的衝動與需求，這是孩子需要練習的自律。具衝動特質的注意力缺陷過動症孩子都需要磨練了，資優兒當然也需要。

讓孩子給自己設定「每日拋」的數量。可以和老師約定好，什麼時候是適合或允許他發問的。

適時地問、限時地問，並且有限度地問。別忘了，對於資優生提出的問題，接招的老師是需要時間消化的。

班級老師也可以善意地拋出問題給孩子，主動出擊，讓孩子問得理所當然，以減少他因為愛發問而引起反感的情況。

提問與解答的角色互換

在學校裡，老師可以引導孩子站在對方的立場，試著去感受角色互換的滋味。

資優生太愛發問，可能衍生一般同學的側目、反感，甚至厭惡。不妨**在教室裡進行一場「投捕互換」的活動，改由其他同學拋出「無上限」的問題，同時委由資優生擔任捕手，嘗試回應與解答這些疑問。**

這是一個雙贏的練習。

其一是讓一般的同學練習發問。要問出「好問題」，其實不容易。這裡所謂的好問題，指的是這個問題可以衍生出更為深刻的對話與討論，讓周圍的人藉由這個「好問題」的激盪，進一步擴充與提升自己的知識資料庫。

其二是有些問題可能會「考倒」資優生。畢竟，資賦優異並非全知全能，一個人不是什麼都懂得的。這一點，也是資優生必須學習的謙卑與自我提醒。

其三是如果資優生還真的每問必答，那麼一般同學也就真的心服口服，不得不佩服他果真厲害。這可是經過同學們實際「驗證」通過的，騙不了人。

資優生沒有被霸凌的義務

班上同學的不友善對待，可能讓孩子充滿困惑：「為什麼同學老是找我麻煩？」

沒有任何理由可以當成霸凌別人的藉口；更沒有任何人活該被霸凌，資優生當然也是——我們必須給孩子這樣的支持。

許多資優的孩子其實並不是想證明自己多厲害，也沒想和別人比較什麼，更進一步地說，他們是喜歡在特定的學習領域裡完全投入的感受，並隨時願意接受挑戰，那是一種對於自我的挑戰。如果說有什麼成就的話，也是一種對自我能力提升的肯定，與孰優孰劣無關。

有些孩子很清楚，資優只是反映自己在某些能力與特質上的內涵，而資優資源班，則是多給他一些機會去接觸符合自己能力與特質的課程。對他來說，學習是很純粹、很個人的一件事。選擇考進資優資源班，每個星期裡多了幾堂抽離及外加的課程，讓他有機會接觸符合自己天分的範圍與學習內容，以及社會情意課程。差異就僅此而已。資優生沒有做錯什麼，他只是擁有優秀的天賦。

面對霸凌，需要勇氣和智慧，這與天賦無關，而是我們必須教給孩子的。雖然

他在學習領域充滿智慧，但是遇到霸凌，卻常常不知所措。

智慧的方法可以學，勇氣則需要十足的鼓勵。若發現孩子因此而退縮、自責，我們更要提醒他、鼓勵他：資優生沒有義務被欺負、被霸凌。無論同學們對他多不以為然，或他的表現多令同學難堪，都不是欺負他的理由。

別再找資優生麻煩，別把霸凌看成理所當然。

體諒孩子想當「普通人」的需求

有些孩子明明資優，卻為了在教室裡順利生存、讓班上同學接納自己，而選擇「自廢武功」，故意降低課業表現的成就來迎合別人，讓自己盡量成為「普通人」。

對此，家長當然很不以為然。交朋友與成績何干？為什麼要放著大好的天賦不用，故意讓成績退步？這樣交到的是真心的朋友嗎？

身為資優生，到底要不要為了交朋友去迎合別人？難道只能跟同為資優生的朋友在一起嗎？**沒有人喜歡被孤立。在直接出聲反對前，請仔細聆聽孩子的想法。**

遇到對資優生帶有偏見的嘲諷，怎麼辦？

更要讓自己好好過

英杰從座位上起身，手拿著資料夾，準備前往資優資源班教室上課。

「跩什麼跩？資優生了不起啊！」阿彪酸溜溜地說。

「人家上資優資源班又沒礙到你。幹嘛老是找他麻煩？」小宜說。

「我就是看他不順眼，一副什麼都只有他懂的樣子，神氣個什麼勁。資優生？還不是只會死讀書而已，有什麼了不起！」阿彪不屑地說。

英杰很想快步離開教室，但心有不甘，他不懂為什麼阿彪講話要這麼酸。

「人家可以讀資優資源班，也是他有那個天分和實力，又不是你想念就可以念。我們沒那個本錢啦！我看哪，他是別的星球的人，和我們不同世界的。」威仔也跟著嘲諷。

「下次上課他再亂問問題，我就叫他閉嘴！」阿彪雙手在胸前交叉，語帶警告。

英杰還是選擇了默默地離開。

同學們的這些閒言閒語不是一天兩天了，也不只有阿彪一個人在講。這些話他聽進耳朵裡，只能悶不吭聲，不想多做辯解。

但是，自己的「資優」被這樣酸久了，還是感到渾身不舒服。他實在不懂，同學們的反應為什麼要如此強烈？讓他覺得在班上有一種被莫名排擠的壓力。

上著資優資源班的課，英杰卻有些心神不寧，腦海裡充斥著許多質疑和不解。

「為什麼同學要排擠我？為什麼總是對我冷言冷語？我又沒有做錯什麼事，為什麼老是有人愛跟我作對，看我不順眼？」

英杰一直想要找到答案，來破解原班同學的酸言酸語。

「難道，只因為我的反應很快，發言令老師招架不住而惹人厭？還是我平常的表現，讓同學有被我比下去的感覺？我又不是故意要這樣，這些都是我很自然的反應啊！他們會不會反應過度了？為什麼要這樣對我……」

學校裡，總會有一些同學把資優生當成眼中釘，「酸」他的一言一行。在班上，這些「酸民」同學總是針對資優生冷言冷語地諷刺。

當亮點成為箭靶，隨之而來的是一種無形的排擠壓力。尤其是每到資優資源班上課前，提起腳的那一剎那，都讓孩子有如雙腳被繫上大石頭般沉重，感到芒刺在背。

面對「酸民」，孩子要如何自處？有沒有改善彼此關係的方法呢？

資優生教養的「心」解答

讓同儕偏見「酸鹼中和」

酸民們對「資優生」充滿著偏見與誤解，而且不間斷地釋放這些酸味，彌漫了

整個教室。

一般來說，酸民總是被視為在班上較不成功的。若真要以成績來論斷，大都落在後段（有時可能也有落在前、中段的）。對於眼前有如明星般的同學，牢騷、批評與謾罵無所不在，例如這一段酸民間的對話：

「資優生有什麼了不起？還不是靠他爸媽的栽培，家裡條件好，從小補東補西的。」

「叫他回家啦！請他爸媽花錢找家教老師來教啊！我最瞧不起這種自以為是的傢伙，簡直就跟我們格格不入。乾脆叫他轉學算了。」

「哎呀，他們這種人生勝利組的跟我們不同掛啦！人家可是天——才。」

「你講話很酸耶！把我們說得像魯蛇隊的。」

「聽說資優生不需要念書就可以考一百。」

「我還眼睛閉起來就可以寫咧！那麼神？」

「你沒看他，每次去上那個什麼『資優資源班』，離開我們班時就像在宣示：他要登機，他要出境，他和我們是不同國。」

「哈！本來就兩國啊！人家是資優國，我們是智障國。」

「誰跟你是智障國？」

其實，也不能怪他們丟出這些冷嘲熱諷，因為在現實中，許多大人對於資優生也是一知半解，更遑論班上的同學了。

教室裡的酸民，讓我們看不見友善。孩子到底要如何看待能力比自己強的人？如何欣賞別人的優勢？我想，當今教育必須**教給孩子一份「欣賞」的眼光**，才能讓教室裡對於資優生的偏見酸鹼中和。

不隨酸民起舞

如果孩子被酸民鎖定了，有一招還滿好用的：面對酸民，不隨之起舞——不回應、不爭辯，就像在自己的四周設下透明的防彈玻璃一樣。把這些酸言酸語，阻隔在自己的心門之外。

當對方不希望自己過得太好時，最好的回應方式，就是「讓自己好好過」，往他們所設下陷阱的反方向走去。

這些酸言酸語鐵定讓人心裡不舒服，而這也是酸民發動攻勢的目的之一，用酸言酸語腐蝕目標的自信、擾亂目標的情緒，自然而然就可以降低對方的智慧戰鬥力，讓對方的表現降到和他們一樣的等級。

酸民基本的作戰策略就是要改變目標，而且最好是順著他們所預期的方向改變。說幾句話興風作浪，讓對方混亂，心情受波動，因為酸言酸語而自廢武功。

我常講一句話：「數理資優，並不等於情緒管理也資優。」提醒孩子小心自己的罩門。

面對酸民，孩子只需要維持不變，繼續自己的風格。

啟動自我解嘲機制

面對教室裡的酸民文化，老師不能撒手不管。孩子不應該因自己的資優特質而被霸凌。假如同學之間的冷嘲熱諷沒大人管，這股酸民歪風就會繼續下去。必須先找出始作俑者，**從班上的酸民群中找出首腦，聽聽他們到底想要幹嘛。**

另一方面，教孩子被別人酸的時候，除了相應不理，還有這一招：**發揮資優的幽默感，自我解嘲吧！**

與其聽那些不了解自己的人諷刺，讓風向掌控在別人手中，倒不如把球拿回自己手上，展現自己的極致幽默感來自我解嘲一番。

還有些孩子，索性嘰哩呱啦講出一長串對方完全無法理解的內容，以資優的強勢語言邏輯來取得制空權。

甚至，當別人又口沫橫飛地酸言酸語時，乾脆回以跳tone的唐詩、宋詞回應，讓他們感到莫名其妙。

在我看來，平時愛酸言酸語的人，自己心裡也可能受傷了，日子其實不好過，否則，幹嘛把時間花在損人又不利己的風涼話上呢？

拒絕成為被抹黑的羊

酸民們不斷地在尋找「下一隻黑羊」，因為這已經成為一種既定模式，沒有白羊來抹黑的日子，讓他們失去了生活的重心及意義。

把這一點告訴孩子，他就知道，不需要委屈自己被圈進他們設的牧場裡。**啟動「懶得理你」程式，保持沉默，繼續順著自己的節奏優雅前進就行了。**

當有人對他冷嘲熱諷時，等於是在告訴他，在他身上有他們無法企及的能力或無法取得的寶物，比如他優異的資賦。

當孩子遭酸言嘲諷時，和他一起攤手笑笑吧！還可以這樣告訴他：「就是因為你重要，所以那些酸民才會成天關注你的一舉一動啊！」

只在乎重要的他人

酸言酸語真的讓人感到不是滋味，沒有人愛聽。要孩子不受影響，那個境界真的太高，太強人所難了。但是，他可以加強練習來保護自己不被傷害。

例如，**關注生活中的「重要他人」，把注意力與心思花在值得的地方。**

每個人的時間是有限的，很難與全班同學都熟稔，都維持密切的同儕關係。酸民絕對不會是自己的重要他人，不要把心力浪費在他們身上。

不在乎的話，酸民也就不會存在了。

這樣的想法，有助於孩子揮別酸民，拒絕再玩。

發揮轉念的威力

以前在某個機構服務時，我曾遭遇一群青少年的不友善對待。

某天，當我一走進機構大門，迎面而來的孩子立即拋出「狗來了，狗來了」的刺激性話語。

我很清楚這些孩子是刻意說給我聽的。但他們未明講，我指責也不是，糾正也不是，反駁也不是，只能在心中默默承受。

可是，身為心理師的我畢竟也是人，面對這一次又一次尷尬、難堪的窘境，也曾經產生不想再跨入該機構的逃避心理。

但我很清楚，這是一場躲不掉的服務。「面對」，是不變的真理，也是當下唯一能選擇的方式。這種情況，就像資優生面對班上酸民的調侃、揶揄或諷刺，仍然得繼續待在那個教室裡。

轉念，這是我發現唯一可以改變狀況的做法。

當時我一直在想一件事情：為什麼其他孩子不會口出惡言，這群孩子卻要以如此的方式對待我？

這樣一思考，答案呼之欲出，我想，或許是他們的心受傷了。想著想著，我釋懷了。

接下來的幾個禮拜，這群孩子當中的始作俑者仍然在我一到機構時，便拋出「狗來了，狗來了」的諷刺話語。

但當時我心念已轉，我想到的是：眼前的孩子「心」受傷了。他繼續再說，然而我心已釋懷，那些話對我不再造成殺傷力。我也因此心情輕鬆許多，自在許多。

數週後，有一天在辦公室裡，那個發動「狗來了，狗來了」嘲諷的青少年望著我，微笑地對我說：「你幹嘛一直對著我笑？」

當下，我如釋重負，心想終於可以結束那一段難堪的「狗臉的歲月」。我知道事情結束了，關係修復了，因為我們彼此都發現，「狗來了，狗來了」這些話並不會對我發揮任何的情緒作用。

由於我轉念了，所以這些挑釁的話也就被隔絕於千里之外。

資優生在國中、小學的普通班級裡，就像一顆璀璨耀眼的珍珠。這顆「珍珠」本身沒有對錯，只是它的光采實在太耀眼，就像明月高掛雲端，讓人不得不仰著頭看。

仰頭的人，如何感受？這和當事人過往的生命經驗與看待事物的角度有關。我們可以陪伴孩子去同理這一點。

當孩子遇到酸民圍繞時，不妨引導他開啟轉念模式，換個角度想：那些愛批評、謾罵、酸味十足的同儕，或許也有屬於自己待解決的課題，他們的心也受傷了，不是嗎？

開啟欣賞的眼

老師在教室裡，不妨也試著引導一般生學習欣賞的態度，例如可以這麼想：

「說實在的，我還真的滿欣賞他的。天下怎麼會有這麼厲害的人！他的腦袋裡面不知道裝什麼東西，一定有高級程式、無限量的記憶體和硬碟空間，真的是太神奇了。如果他可以分出一點點的天賦給我，一點點就好，就能讓我的功力提升百倍。」

讓班上的資優生在某個他擅長的領域中有如典範，同時幫助同學有所收穫，比如從資優生的學習模式中，找到可供自己參考的元素。

電影《模仿遊戲》有一句台詞：「你希望自己是平凡人……但我向你保證，我並不這麼認為。這個世界可以變得如此美好，就因為你不平凡。」

不是每個人都想成為資優生，也不是每個人都可以成為資優生。但是，我們可以向資優生學習那股對於知識的熱情與渴望。

資優生否定自己，怎麼辦？

我們是孩子的「重要他人」

擔任高中資優班的導師多年，玫伶老師很清楚，這群青春期孩子就像是哲學家，對於自我與人生有他們一套專屬的看法，並且普遍存在著自我懷疑。而今年帶的這個班上，心思極細膩的東燦是特別讓她注意的一個學生。

資優生原本就有敏感的特質，東燦尤其如此。長期關注東燦，發現他剛開學時信心滿滿，也和自己很親近，但是從第一次段考成績不理想後，就整個人消沉了下去，似乎變得愈來愈內縮、沒自信，和班上同學也疏遠了。

「我能怎麼幫助這孩子呢？以他的個性，直接找他談，反而會逼得他更退縮……對了，臉書呢？聽說東燦有把臉書當私人日記寫的習慣，如果是透過臉書，或許他願意把閱讀權限開放給我……」

這一晚，東燦反覆讀著自己在臉書留下的一段段心路歷程，日前的隱私權限都是「只限本人」。其實他很想跟朋友分享這些心情，卻始終猶豫再三。

他覺得很矛盾。當只限本人閱讀時，種種想法壓抑在心裡，令他難耐；但開了一扇窗供人窺視自己的內在懷疑，卻又使他深感不安。

「以前在普通班，我總是常勝軍，勝利唾手可得。但是現在，資優班裡的每一個同學都擁有非常、非常強的超級能力。雖然我依然很努力，但強中自有強中手，我離第一領先群愈來愈遙遠……」

東燦一遍又一遍地讀著臉書上的文字，像是對自己傾訴。

「我一直都很敏感，進入高中資優班，讓我更是過度敏感，更注意分數、排名和比較。沒有人喜歡挫敗，可是在這個班上，我卻被迫面臨如此的挫敗。我的光環不再了，黯然失色。鎂光燈的焦點轉移到別人身上。我不再亮眼了。」

東燦好想有人可以看見這些話，聽到他內心充滿疑惑的吶喊。

「我覺得自己的學習熱情好像變得冷淡了。我忍不住開始懷疑自己，懷疑自己的能力和存在價值，懷疑我在資優班的一切一切。我到底是誰？拿掉了第一名的金牌，我還是原來的我嗎？而以前那個總是第一名的我，是真正的我嗎？」

讀到這裡，他的眼眶微濕，突然覺得好孤單，同時也十分茫然。

「叮咚！」臉書響起提示聲，東燦一看，發現是玫伶老師傳來好友邀請。

玫伶老師？……好久沒找老師聊天了，好懷念啊！她是最了解我的人。但現在的我實在沒臉去找她。如果把老師加為好友，再把她設為分享對象，是不是就能像以前一樣，讓老師明白我的心情……

東燦對著玫伶老師的交友邀請按下「確認」，並將玫伶導師設為唯一的貼文分

享對象，寫下了此刻的心情。

「我開始懷疑我自己了……我真的是資優生嗎？如果是，為什麼我的表現會這麼爛？還被大家笑『原來資優生也不過如此』。難道我真的是冒牌貨、假性的資優生？會不會是在智力測驗時被我矇上的？唉！如果當初不要取得這個身分，我反而自由自在的，不是嗎？」

玫伶老師神情專注，一字一句細細咀嚼著東燦所要傳達的訊息。她知道，東燦這個大孩子需要有人陪伴他解惑，消弭對自我的懷疑。處在舉目皆是菁英的同儕中，自己的成績表現不如以往出色、亮眼時，更會使人對自我產生強烈的疑慮，痛苦難耐。

「叮咚！」——東燦又寫下了一段文字。

「我到底是一個什麼樣的人？不要以為我多了一副厚厚的眼鏡在鼻梁上，就像個學究。對於周遭的人來說，身旁有一個這樣的朋友有什麼意義呢？而我，又是怎麼看我自己的呢？老實說，我也不曉得。身旁的人總是為我套上過多的框架和期待。難道所謂的自我，就是必須滿足別人對我的期待？我是誰？我到底是誰？」

塗鴉牆上的文字，在這裡停格。望著臉書，玫伶老師心疼地苦思著：「我該如何為這孩子吹散他心中如霧般的疑慮？」

資優生教養的「心」解答

維持原來的自己

孩子需要接納最真實的自己。請先協助他，一起掀開那一床「資優生一定就該怎樣」的大棉被，蓋著它太令人窒息了。

誰有權利規定別人「一定要怎樣」或「應該要怎樣」呢？人生的遊戲規則裡，可沒有這一項。

就像電影《心靈捕手》裡有一句話：「威爾，你是個天才，這一點無庸置疑。沒有人可以完全了解你的深度。」每個人本來就有自己的風格。雖然資優生的特質顯得相當強烈與突出，但是請接受自己原來的模樣。

請多多傾聽孩子：他為什麼要否定自己的想法？為什麼要否認自己與生俱來的特質？

讓資優生了解自己的感受、獨特的感受、很自然的感受，這也是一種很個人化、需要被尊重的感受。

我們對自己的概念往往會受到別人意見的影響。別人怎麼看自己，很容易就決定我們對自己的主要看法。但是，如同《心靈捕手》裡的這句話：「沒有人可以完全了解你的深度。」讓孩子了解，周遭他人看待我們的只是某一個片段而已。

對於家長（也許還有老師），我要特別強調的是：**面對資優的孩子，請完整地看待他們「整個人」**，而別像看拼圖般，只注意零碎的片段或天賦。不要只看到他突出的部分。不要讓資優生在別人的印象中，只剩下分數、評比、排名與獎項。

請讓孩子維持自己原本的模樣。

孩子，你並不孤單

會產生自我懷疑是很自然的事，但是，身處其中的孩子往往走得相當孤單，他內在的疑問沒人瞧見。而藏在心裡的大哉問：「我是誰？」往往讓這群愛思辨、好思考的小哲學家，終日陷入苦惱。

我們可以分享自己的成長經驗，讓孩子知道關於「我是誰」的自我懷疑，其實普遍存在於每個人的成長過程中。這並非資優生專有的，爸爸、媽媽也都為此煩惱過。

除了這樣開導之外，對於思緒相對敏感、細膩的孩子，也需要特別留意他所思所想是否太過於深入、太形而上或太抽象，陷入了注定離不開的迴圈而不自知。

以欣賞取代比較

你看待的，到底是孩子資優的特質？還是真正看到他這個人？

資賦優異是孩子與生俱來的天分，更是屬於他的一部分，終其一生都將伴隨著他。面對資優的孩子，讓我們試著引導他們培養「欣賞」的眼光，退掉「比較」、「排名」的迷思。**別讓孩子的自信只建立在別人的挫敗上。勝過別人，並不等於就贏了自己。**

讓孩子從其他資優生的學習模式中，看見彼此的亮點，萃取可供自己參考的元素。

了解「自我概念」是如何形成的

有些資優生會嘗試透過周圍認識的人，來形塑自我概念。例如：周遭他人怎麼看待、定義與解釋他的資優天分？怎麼說他？他所認識的這些人有哪些特質？另外，興趣、能力與外在條件，也都左右著孩子自我概念的形成。

請別再當只看分數、排名的父母與老師了。別讓孩子的世界及眼界只剩下數字。**請試著看見他的內心、需求與特質，以及他所關心的事物，這樣我們對他會有更合理與貼切的了解。我們怎麼看他，同時也進一步形成了他的自我概念。**

雖然隨著年齡的成長，自我懷疑的感覺仍然會自然地浮現，但一旦自我概念清晰了，自我懷疑也就比較容易煙消雲散。

不要期待干涉別人的腦袋

別人的腦袋裡到底裝了什麼樣的想法？正向的？負面的？勵志的？偏激的？無論是什麼，那都是別人的腦袋，我們管不著。

這些無法列管的想法，透過對方的口、對方的筆、對方的行動而展現。但也正因為無法管，我們幹嘛要在乎呢？

我常常分享這段話：「**我沒有辦法控制別人說什麼，但我可以自己決定怎麼解**

釋這些話。」

把這個概念跟孩子分享，他會更容易了解你的意思：我們能管的是自己的轄區——自己腦袋中的想法。至於別人腦袋裡的，就讓它去吧！

當我們眼睛一張開，就有意無意地選擇了所注意的世界。但是，世界何其大，我們的經驗何其多！我們選擇怎麼看、看什麼，也就決定了自己一天所累積的記憶與生活。

遙控器在我們自己手中，沒有人可以強迫我們收看哪一台。就像照相機在手，按下快門那一剎那，要捕捉什麼畫面、擷取哪一個鏡頭，都可以任我們自己決定。

帶著孩子一起，讓美好的事物多與自己連結在一起，你和孩子都將愈來愈喜歡被美好所圍繞的自己。

資優，反而讓孩子自卑？

釐清資優生可能伴有的「學習障礙」

媽媽從來沒有想過「資優生」三個字，竟然成為摧毀孩子自信心的最重一擊。

「我根本不是資優生！」兒子激動地咆哮著。

「你怎麼這麼說？」媽媽露出滿臉的狐疑。

「大家都這麼說我！他們都說，哪有資優生考試這麼差。班上成績比我好的人太多了，我根本不是什麼資優生！」

「那你認為資優生是什麼？」媽媽試著用這句話引導孩子冷靜地面對自己，可

惜並沒有達到預期效果，反而讓兒子壓抑在心裡的抱怨，一股腦地宣洩出來。

「反正我不是就不是！我的表現又沒有很突出，成績也普通。還不都是你們害的。早知道我就不要去做什麼心理測驗，參加什麼資優資源班的考試。我很差勁，非常差勁。班上的同學都在笑說，誰只要考得比我好，誰就是資優生，害我現在成了同學的笑柄。連老師也在說，現在的資優生怎麼都貶值了。」

媽媽想要澄清，但還沒開口，兒子又道出心中滿腹的苦水。

「我一無是處，什麼都不是。跑步跑得比人家慢，畫圖畫不好，直笛不會吹，人緣又不好。同學都笑我打躲避球沒有力氣，分組也都沒有人找我。現在連國語、數學都考不好。我算哪根蔥？

「你們只會叫我努力、努力、努力。你們看，我又不是不努力，但結果就是這樣而已。班上成績比我好的人太多了，他們也不用去上資優資源班。

「每次去上課，我都好尷尬。資優讓我抬不起頭。我根本不知道自己是誰。每個人都在笑我。其他同學考不好，人家都不會笑他們，就只會笑我。」

兒子愈說愈激動，眼淚也奪眶而出，令媽媽相當不捨。

「每次考完試，同學都愛問我：考幾分？考幾分？考幾分？考幾分干他們什麼事！我考得好，他們覺得理所當然；考不好，他們又在底下竊笑。每次一遇到考試，大家都只盯著我的分數看，沒人在乎我心裡的感受。在學校，我不開心，沒有成就感，我根本不配講什麼資優。我對自己一點也不滿意。像我這麼不如人，把我報廢掉算了！」

媽媽實在無法想像，原以為很美好的資優天賦，竟然讓孩子這麼痛苦。

「我不知道自己能做什麼、會做什麼，又應該做什麼。我討厭聽到『資優』這兩個字。同學都覺得我是客人，經常把我冷落在一旁，這種感覺你知道嗎？以前還沒上資優資源班的時候，我是最開心的，同學都會跟我玩在一起。但是現在去讀了資優資源班，每個人都跟我保持距離，好像我跟他們在不同的世界。我想，我真的跟他們處在不同的世界……」

資優生教養的頭痛問題

在這孩子內心上演的小劇場，怎麼盡是寫實的悲劇？

資優生教養的「心」解答

關掉「無知」的噪音

孩子會對於表現自慚形穢，往往有一大部分來自於周遭「無知」的噪音。這裡所謂的無知，特別指的是班上的老師、同學與生活周遭的人，對於資賦優異的一知半解。許多時候，那些道聽塗說而來的誤解，往往造成當事人莫名且無謂的壓力。這些無知的噪音，雖然當事人不想聽、聽了不舒服，卻常常大聲到超過「噪音管制標準」。

在校園裡，**相關老師（例如資優資源班老師）有義務讓其他人了解，他們正在製造這些擾人的無知噪音。**

家長或老師發現這些噪音出現時，請直接伸手關掉，以維護孩子心裡的安寧。

別成為壓垮駱駝的最後一根稻草

同樣一句話，帶來的是「威力」還是「破壞力」，往往要看是誰開口說的。特別是重要他人的反應，例如父母、手足、老師或熟悉的同儕，這些「重要他人」的反應，對於孩子來說往往具有加乘的效果。

孩子需要重要他人的支持。**但不幸地，令他自慚形穢的源頭，如果是出自重要他人的批評、指責、謾罵、嘲諷、揶揄、數落、糾正或批判，原已羸弱的心將被最後這一根稻草壓垮，使他更顯自卑。**

你忍心成為那一根稻草嗎？

點亮心中的「自信」之火

當孩子的自尊被堆積在陰暗的角落時，亟需你的一把火點亮他的自信。

你的這把火，主要在於燃起孩子曾有的能力與表現，同時讓他看見，這些能力

與表現不一定僅來自於聽說讀寫算、國英數社自等學科領域的內容。

只要能讓孩子感受到自己的「有」，任何內容都可以。像是他的特質，例如：對某件事的專注與投入、敏銳的觀察力和歸納能力、超強記憶力、秒殺的理解力、穿透事物的能力、實事求是及追根究柢的精神、不輸給貓的好奇心，或可媲美巨星演唱會上的熱情等。

將這些特質反映給孩子，如同一盞一盞的燭火，點亮孩子幽微的自信與自尊。

你必須知道的「學習障礙」

看到這個標題，或許你忍不住張大了嘴巴，訝異地叫著：「資優為什麼會跟學習障礙扯在一起？你有沒有說錯？」

一點都沒錯。

若孩子的資優天分同時伴隨了隱性的學習障礙，卻沒有被注意到，在學習障礙問題未獲協助的情況下，自然不難理解為何明明資優，學業表現卻低落。

資優生教養的頭痛問題

如果大人對資優生的學習障礙視而不見，會發生什麼樣的狀況？至少，可以預見在教學方式的介入上容易失焦。

「學習障礙」是指神經心理功能異常，注意、記憶、理解、推理、表達、知覺或知覺動作協調等能力，有顯著問題，在聽、說、讀、寫、算等學習上有顯著困難。同時，特別要注意的是，學習障礙並非因感官、智能、情緒等障礙因素，或文化刺激不足、教學不當等環境因素而造成（參見第二百九十八頁附錄：《身心障礙及資賦優異學生鑑定辦法》第十條）。

當資優生同時伴隨學習障礙的困擾時，學校若仍像對待一般學習成就表現低落的學生一樣，採取一般補救教學的方式進行，或只是將內容難度依孩子的學習表現程度降低，是無法有效幫助資優生獲得該有的學習需求與效率的。

然而，校園裡，學習障礙孩子的困境往往不只如此。

上述的問題，隱身於孩子的學習歷程中，不容易讓周遭的父母、老師及同學們發現。

這種情況，往往連當事人都不大了解到底是怎麼回事。他總是被怪罪、被指責不認真，不花時間在課業學習上，加上不停迴轉的無力感，往往會讓孩子的情緒控

管亮紅燈。

挫折、易怒、無奈、退縮、壓抑……這群伴隨著學習障礙的資優生不知道自己發生了什麼事，也不曉得該如何表達這些負向的情緒，因而，在同儕間磨出了衝突與火花。

如果你的資優兒長期受到學業成就低落困擾，或許要思考是否有學習障礙的影響因素，進而也要多加關注孩子的情緒調適與社會適應問題。

藝術與創意也是一種資優嗎？

看見孩子天賦裡的「不一樣」

「林小渝！你在幹嘛？誰叫你畫畫？給我認真一點，先把功課搞好再說。每天只顧畫畫能幹嘛？」老師話剛說完便走到小渝的座位旁，粗暴地把她的塗鴉揉成一團，隨手往資源回收筒一扔。

全班都被老師的舉動嚇了一跳。那一瞬間，小渝覺得心像是被刀深深地劃了一道，很痛。但她不想哭，不想掉淚。

一直以來，從老師的眼神、話語、行動反應，還有家庭聯絡簿的留言中，小渝

知道他對於自己愛畫畫是很不以為然的。爸媽也不把她對畫畫的熱愛當一回事。大人們都覺得她在浪費時間。他們想到的只是小渝成績不好，要不要去補習。他們只在乎她數學考多少、國語考多少，還有英文考多少！

小渝不斷地塗鴉，不管是課本、桌子、牆壁、餐巾紙、作業本、評量或聯絡簿上，只要一聽到或想到有趣的事情，她就立即隨手拿起筆，用圖畫呈現，無所不畫。可是現在，在學校裡已經無法明目張膽地畫了。

「哇！小渝，你真會畫！」舒舒高舉著小渝下課時剛完成的塗鴉，大聲讚嘆。

「這沒什麼啦！還好還好。」小渝既靦腆又開心，一掃剛剛上課時被老師數落的陰霾，難得露出了燦笑。

「你看，小渝可以把很抽象的概念快速畫出來耶！」舒舒轉身對阿滿說。

「對啊！我覺得只要把小渝的作品裱框，再掛上牆，就可以開畫展，收費參觀了。」阿滿也佩服地說。

「哪像那個肥滋滋的惡霸老師……」舒舒吞了吞口水。小渝苦笑著，阿滿拍了拍她的肩膀。

這一刻，小渝心裡感受到幸福、美好，比偶爾數學、英文和國語考九十幾分還高興。她發現，原來還是有人懂她、了解她、欣賞她，甚至會罩她。舒舒和阿滿可說是自己的最佳推手，讓她有一股繼續畫畫的動力。

小渝只想要多一點時間畫畫。她有一種停不下來的渴望，就是期待一直畫、一直畫、一直畫，不受任何人限制地畫，天馬行空地畫出自己想像的世界。

這孩子或許不是學術性向的資優，但她擁有美好的繪畫天賦。同學們看到了這一點。然而身旁的大人，你注意到了嗎？

資優生教養的「心」解答

成為孩子的伯樂

現在的孩子功課愈來愈多，畫畫的機會愈來愈少。筆記本上充滿了文字、數字與考題，能塗鴉的空白也愈來愈少。

許多孩子希望自己像電影《魯冰花》的古阿明或《心中的小星星》的伊翔，**遇見一位能看見自己優點、賞識自己能力的老師**。或許，只要老師不會干涉他畫畫就好。

孩子當然也期待父母能懂自己，重視自己感興趣的事情，即使與功課或成績無關，也依然支持自己。

你是孩子的伯樂嗎？你能讓孩子鍾情於他的興趣嗎？比如，天馬行空地畫畫。畫畫讓孩子喘息，遨遊天際。讓孩子感覺身處在北海道看薰衣草，南極見冰山、看極光，橫越撒哈拉沙漠、奔馳在蒙古戈壁草原，或搭乘山手線環繞東京。

你能夠讓孩子愛畫、很單純地畫，而且不受限制地畫嗎？

多麼希望，你就是那個伯樂。

謝絕揠苗助長

對於孩子的天賦，父母要小心有時可能幫了倒忙，自己卻一無所知，沒有察覺。

資優生教養的頭痛問題

我的大女兒從小就愛畫畫、愛任何手作的創意活動。家裡的主臥室有一整面塗鴉牆，正確說來，塗鴉早就蔓延到家中的許多牆面與角落了。當然，後來兩個弟弟的追隨也功不可沒。

女兒還在讀幼兒園的時候，我曾心想：「既然她這麼愛畫畫，不如帶她去上畫畫班好了。」隨後就帶著孩子，在住家附近問了一家畫畫班，聽了畫畫班的老師詳細說明上課內容，但我還沒決定是否讓孩子去上課，沒想到才一跨出大門，小小年紀的女兒就放聲大哭。這一哭，讓我嚇了一大跳，同時心中浮現一個念頭：「以後除非孩子自己主動提到要補習，不然我這個阿爸不會再主動幫他們找或替他們安排。」

事後，我在想，原本女兒喜歡畫畫是很隨興、很自由自在的，想畫什麼就畫什麼，想在哪裡畫就哪裡畫（當然囉，多少還是需要有些規範，家中仍然有禁區），無論什麼時候，想畫就畫。但是，如果當時我「強迫」她去上畫畫班，會不會因此造成揠苗助長的副作用？

很幸運地，那時我緊急煞車了。女兒截至目前仍然喜歡畫畫和手創。

請你也謝絕揠苗助長。當然，別忘了孩子的珍貴天賦。

別讓星星被掩沒了

印度電影《心中的小星星》是許多關心特殊教育的父母與老師常推薦的影片，在很寫實的故事中，激發出許多令人省思的議題，如同在台灣，許多大人眼中仍然充斥著「分數」，成績表現往往像一把尺，決定著父母與老師「看待」孩子的方式。

劇中，患有學習障礙的八歲小男孩伊翔，受盡旁人的批評、指責、揶揄、嘲諷、排擠等，這些殘酷對待等於用力地把孩子推至陰暗的角落，直到他的美術天分被尼康老師發現。

星星的閃爍，終於被看見。然而在這之前，學習上筋疲力竭、被習得無助感陰影籠罩的伊翔，早已奄奄一息。

《心中的小星星》讓我們了解，**具有隱性學習障礙或擁有特殊天分的孩子，是如何被人們慣性的眼光所誤解**。我們往往習慣從外顯行為與成就表現來判斷一個人，卻忽視了隱藏在這些「看得見」的部分背後，那些真正需要被重視的訊息。

從伊翔的成長歷程，我們汗顏地發現，所謂的「學習」似乎總是要把我們變成都一樣。**考試成績總是落後別人的「伊翔」，是否可以有著他與別人的「不一樣」？**

「關心」有強效作用

「關心有治病的效用，能緩解痛苦，讓孩子覺得被需要。偶爾的擁抱和親吻，表示我的關心。兒子，我愛你。如果你害怕，就來找我；如果你摔跤、受挫，別擔心，有我陪著你，強化信心……」

這是電影《心中的小星星》的旁白，藉此，讓我們重新檢視親子之間的關係。

前面提過，資優可分為六大類別：一般智能、學術性向、藝術才能、創造能力、領導能力與其他特殊才能。而其中的「藝術才能資賦優異」，是指在視覺或表演藝術方面具有卓越潛能或傑出表現（參見第二百九十九頁附錄：《身心障礙及資賦優異學生鑑定辦法》第十七條），就像前面故事裡的小渝。

親愛的爸媽，你看見孩子的光亮了嗎？

我一直認為，**當我們大人改變了、調整了對待孩子的方式，這份陪伴與關心，將有機會讓孩子走出陰暗的角落，使明珠不蒙塵。**

第三部

專注於孩子的本質

——提升親職教養力及親師溝通力

補習，能讓孩子變成資優生嗎？

資優是無法「培養」的

「○○資優文理補習班」、「××資優數學補習班」……每當看到這一類的招生廣告，鮮明的「資優」兩個字，往往令許多望子成龍、望女成鳳的父母心動不已，巴不得把孩子從小小孩就直接送進資優補習班。

然而，讓孩子「成為」資優的想法，打從一開始就誤會大了！資優原本就在孩子的天賦裡，等待我們去發掘、去陪伴，去給它機會成長。

但是有許多父母甘於沉醉在如此的美夢裡，期待孩子用補習能「補」成資優。

「老公，我覺得應該讓明倫去補習耶！隔壁的李太太說現在有好多人在準備考資優班。以前都沒聽說，太可惜了。如果早一點知道，哥哥還在念小學時，我就要他去補習了。李太太的女兒也在補。我看，真的是要補要快，大家都在想辦法考上資優班，這樣孩子以後升學才比較有勝算。」一想到自家的孩子已經落後別人不知道多少步，明倫媽媽決定要從現在起猛踩油門，加足馬力往前衝。「老公，你看明倫要補數學還是語文啊？不知道先補哪一個比較好。我看，還是都給他補算了。有補有保佑，現在辛苦一點拚進資優班，以後考大學就輕鬆一輩子。我再去查一查哪家補習班的老師比較厲害，最好有那種資優保證班的，要提早多多練習，才有機會考上。」

看妻子對資優班補習一頭熱，做爸爸的有點不以為然。「老婆，你真的覺得我們家明倫有這種程度嗎？就算真的考上了，我也很懷疑他讀得來嗎？」

「別想那麼多，先考上再說。你不覺得嗎？資優生聽起來很神氣，資優班聽起來也比較厲害，鄰居問起來多威風啊！」明倫媽媽已經沉醉在自己編織的美夢中了。

「但是，我們家的孩子好像不是這種程度……」

爸爸試著勸阻，可是妻子聽不進去。「管他的！以前不知道就算了，現在大家都搶著補，我們要補就要快。補習班我自己去查，你只要把補習費準備好就可以。」

爸爸又問：「那你有沒有先問過明倫的想法？或許他根本沒有這樣想過。你這樣幫他安排，如果他真的進去了，最後會不會跟我們抱怨啊？」

媽媽仍然自顧自地說：「你就會發牢騷，我可沒那麼多時間跟你嘮叨。我先去查補習班，還要去學校拿簡章。另外，也得趕快去問問看有沒有考古題或模擬考試題，好讓明倫趕快練一練。」

「資優，真的可以補出來嗎？」爸爸懷疑著。

資優生教養的「心」解答

與生俱來的天賦：莫把績優當資優

資優是一種天賦，是無法「培養」出來、「補」出來的。這句話很殘酷，但我

不得不明說。

以「一般智能資賦優異」為例，是指在記憶、理解、分析、綜合、推理及評鑑等方面，較同年齡者具有卓越潛能或傑出表現（參見第二百九十九頁附錄：《身心障礙及資賦優異學生鑑定辦法》第十五條），鑑定基準為：

一、個別智力測驗評量結果，在平均數正二個標準差或百分等級九十七以上。

二、經專家學者、指導教師或家長觀察推薦，並檢附學習特質與表現卓越或傑出等之具體資料。

那麼，「補」出來的孩子呢？或許只能說是「績優」，而非「資優」。真正的資優是限量的、原廠的，無法透過補習來上架。無奈的是，很多家長常錯把績優當資優。

其實，或許有許多父母是因為最愛「績優」，才期待孩子「資優」吧！

你呢？

破除莫名的優越感

對於父母來說，「資優」到底代表了什麼？可以證明什麼？為什麼有些家長會想要讓孩子成為資優生呢？

我們不妨想一想：家裡有個資優孩子，為什麼自己隱然有種優越感？在這種優越感的背後，是否隱藏著我們內心的不足？還有，這是優越感？還是虛榮心？這到底是誰的需求？是孩子的？還是父母的？

這些都是為人父母必須自我覺察的任務。

我知道，這些話實在不中聽。不過，我們真的要留意：隱藏在我們做父母的心中，那股暗暗作祟的優越感。

聆聽孩子的需求

想想看：這種優越感會不會成為孩子的負擔？這樣的代價、成本會不會太高？

父母也許會覺得「一切都是為了孩子好」。至於孩子領不領情，又另當別論。

特別是，**若你沒有徵詢過孩子的意見，你所期待給的，或許不見得是他想要的。**如此貿然安排的同時，等於啟動了親子邊境的衝突——這個衝突，可能一開戰就是好幾年。

表面上，這些看似為了孩子的未來好。但請你仔細思量：這麼做，會不會其實是在支配孩子？資優班的學習模式，不一定是孩子所期待的，也不一定是屬於他的模式。

別忘了，假性的資優，只會讓孩子更痛苦、更沒有成就感。同時更不要忘了，坐在教室裡面上課的是孩子，不是你，也不是我。

資優孩子不是展示品，也不是父母虛榮心的保養品。

是良好的讀書風氣？還是暴風圈？

想把孩子送進資優班，或許有你的考量。以父母的立場來看，這對孩子不會是壞事吧！至少，同學們都很厲害、很會讀書，讀書風氣應該會很盛，你想，孩子的能力自然會提升。

然而，資優生在屬於他們的特殊能力上，可以說是天才。當我們把一般孩子放置在「一群天才」的環境裡，對他來說，這不是讀書風氣盛不盛的問題，他根本身處強颱的暴風圈中！身旁盡是天之驕子，而自己無法超越的那股壓力，單憑想像，就令人無法喘息。

這種拉鋸，會隨著孩子進入資優班的時間拉長而愈來愈明顯。

請再次提醒自己：**成績優異的孩子並不等同於資優生；資優也不表示成績就優異。**

把孩子放到不該擺的環境，只會苦了他，也累了他。

當孩子並未具備F1賽車選手的能力，我們卻選擇把他放入那樣子的競賽環境裡，只會讓他感到挫折、挫折、再挫折。

最後，只怕他看到車子就害怕和畏縮，即使原本再績優，也很容易因此報廢。

資優生教養的頭痛問題

資優生的時間永遠不夠用，怎麼辦？

畫出時間管理「田」字格

從網路上看到一波又一波關於「Pokémon GO」（精靈寶可夢GO）遊戲的消息，小嘉心想：「我一定要把握機會，好好趕上這個寶可夢浪潮。」這會是個好機會，他終於能打入同學之間，跟他們有共同話題，有默契地一起探索周遭的世界了。

發現孩子因為寶可夢而眼睛亮了起來，一旁的爸媽深深地倒吸一口氣。他們知道一旦小嘉決定做一件事，就會全心投入。

資優生教養的頭痛問題

「老公，怎麼辦？這次讓我焦慮到有點頭痛。我很擔心小嘉一陷入那個遊戲裡就一發不可收拾，他很開心地一直強調，好多同學都相約抓寶聊天。可是另一方面，好久沒看到他這麼神采奕奕了，讓我又開心、又擔心，真的不知道該怎麼辦才好。如果什麼事情都順著他，要是他沒有好好地規劃和運用時間，很容易就整個浪費掉了。」媽媽擔憂地跟丈夫討論。

「老婆，順其自然吧！我相信小嘉對於時間該怎麼運用有他的敏感度，能分配得恰到好處。他會知道如何拿捏、判斷自己的時間應該怎麼花。這次，他終於找到一個和同學有交集的話題，我想多少有助於拉近他和同學的距離。」爸爸倒是氣定神閒，對兒子很有信心。

但是媽媽還是不放心。「不行，他在時間運用上都太『偏食』了，只做他愛做的。有時候一股腦地投入下去，把時間、心力都投注在那一件事情上，根本不管過了多久，結果真正該做的事卻沒做。他要學會判斷什麼事情是重要的、什麼事情是優先的，還有哪些雞毛蒜皮的事要先擱著。」

「我看哪，為了這些事情跟孩子起爭執也不是辦法。只要教小嘉一些方法，他應該可以學得很快，可以慢慢練習順著時間的節奏走。他是資優生，時間管理對他

來說或許是輕而易舉就能學會的。」爸爸對於小嘉的自律深具信心。

不管對任何人而言，一天的時間都是二十四小時，限量供應，再公平不過了。沒有人可以透過任何關說、特權或檯面下的暗盤交易，多拗到一些時間使用。一天就只有二十四小時，不用爭辯。

也正因為每天的時間很有限，所以做「該做」的事、「喜歡做」的事和「想做」的事，這三者到底哪一項優先，往往成了親子之間的爭執焦點，而壞了彼此的關係與當下的氣氛。

關於資優生的時間議題，有幾件事情需要被關注。首先，孩子很容易栽入一件事廢寢忘食，而忘了時間，或者該做的事情沒有做。另外，孩子每天被安排了很多待辦事項：原班的功課、資優資源班的功課、安親班或補習班的功課，再外加才藝班，以及任何你期待他該上的課。現在，我們可能還需要把玩寶可夢的抓寶時間算進去。

現代家長的煩惱，有一大部分在於孩子喜歡做自己的事情，但如果花了太多時間在這些課外的事情上，可能會讓父母感到焦慮不安，覺得他在「浪費時間」。畢竟時間就是這麼多，你多麼希望孩子好好分配時間，多花一些時間看書、準備考試。

資優生教養的頭痛問題

資優生的智慧高、有能力，但也往往忙得像個轉不停的陀螺，該如何協助他們妥善運用時間呢？

資優生教養的「心」解答

分享勝於掌控

有些資優兒的個性很硬、很拗，不太容易妥協。他們不太去管那件事重不重要，就只是固執地全然投入，因為對他們來說，「自己感興趣的事」就是最重要的事。要說服這樣的孩子，難度很高。

如果你想要協助孩子提高時間管理的能力，請先提醒自己：**分享你的想法就好，別想要掌控孩子。**

沒有人喜歡被規範時間應該怎麼安排（除非眼前的孩子還是處在大約四至八歲的「他律」階段，需要父母在一旁協助規劃）。分享你的想法就好，別過度干涉，否則當孩子劈里啪啦地跟你講一堆「時間該如何運用是屬於兒童的基本人權，父母不應該過度干涉」之類的道理，就怕你詞窮，不知道該如何回應。

優先與重要事項出列

孩子需要學習的時間運用重點在於「時間分配」，而不是為了配合大人，做更多的事。

你的孩子關注什麼事？他的時間大多花在哪裡？他每天是否都會留下未完成的事？讓孩子試著對每件事情給自己打分數，讓他體會到：如果有良好的時間管理，就可以做更多自己喜歡的事。

幫助孩子了解他自己的節奏，也就是自己在什麼時間做什麼事，最能充分發揮效果、維持既有的品質，最快速完成。

比較容易引發爭執的，就是親子雙方如何共同討論出優先的事和重要的事。請注意，既然要溝通，就應該給彼此一些餘裕，若父母高舉著「我說了算」的大旗，很難讓孩子心服口服地埋單。

資優生自有一套判斷方式，我想，可以試著聽聽看他們怎麼說，找到彼此都能接受的交集。

該做的事、喜歡的事、想做的事、被迫的事、不擅長的事、想逃避的事、雞毛蒜皮、瑣碎的事……**給孩子一段時間，在時限內，運用智慧把所有這些事排出先後順序。**

面對時間，我們真的必須很現實地讓孩子了解其有限性。沒辦法，能夠運用的時間就是這麼多。

完成待辦事項，練習自我檢核

過度激動的特質，讓資優的孩子常常一冒出某個念頭，就迫不及待地想要去做。不過，我們要提醒他考慮到一點：目前這段時間內，他是否有些「待辦事項」需要完成。

讓孩子評估做每件事情所需要花費的時間，建立屬於他自己的標準作業程序。而最好的放鬆方式就是把事情做完，無事一身輕。

充分運用「八十／二十法則」

孩子需要練習去判斷在每個時段裡，自己的身心狀況及專注力表現情形。例如：上午六點至七點；下午一點至三點、四點至六點，或晚上七點至九點。這就像做生意有淡季、旺季，或者上、下班的尖峰與離峰時段。

讓孩子搞清楚在什麼時間，自己的專注力、執行力、思緒的清晰度、記憶力、思考力及體力是最佳狀態。把重要及優先的待辦事項集中在這個精華時段進行，使其充分發揮績效。就像八十／二十法則，把百分之八十的事情，在這段百分之二十的時間內完成。

以同樣的方式，再逐漸判斷自己的次佳狀態時間、頭昏腦脹時間……請孩子練習標註他的閱讀時刻、書寫時刻、運動時刻、娛樂時刻、家人相處時刻等，甚至抓寶時刻也要註記下來。

一個人終究不是機器，沒有辦法二十四小時都處在一種高效能的運轉狀態，所以掌握自己在每個不同時段的狀況，同時安排不同的待辦事項，選對時間、做對事情。孩子慢慢會發現，自己對時間的安排與規劃愈來愈得心應手，執行的成果愈來愈好。

不過，記得要提醒他，像休息、放空、娛樂等低耗能的事，要盡可能在自己狀況不好的時段完成。

串聯起順序，提升流暢性

在時間的運用上，讓孩子練習將相同性質的事情集中在同一個時段裡，也就是同步處理。例如，把需要上網查閱資料的事情，選在同一個時段進行。

不過，如果孩子的特質是屬於跳躍型的，在不同事物之間切換更能發揮最佳效率，這也行。

若希望孩子啟動「時間管理」模式，開始有效管理及調配自己的時間，就像要玩寶可夢之前，必須先下載那個手機遊戲的App一樣。不見得大家都要套用相同的模式，每個人可以找到適合自己的最佳方法。

接著，**讓孩子練習串聯自己做事情的順序與節奏，排好做事的次序**，比如：動態與靜態，思考與記憶。藉此慢慢找到起承轉合、春夏秋冬般的做事節奏與流暢性，當他做起事情來，就像一首詩、一段輕快美妙的交響樂。

創造「多贏」的模式

資優生有許多迷人的特質，例如具備敏銳的觀察力，同時可以在過往的經驗中，找到他人不易察覺的關鍵訊息，外加學習能力超強，同時，面對新事物能迅速吸收、理解。因此在時間的運用上，可以讓孩子自己有效歸納、整理與分析，綜合出一套最漂亮的「多贏」策略。

比如寶可夢。孩子很快地洞察到，這是一次讓自己與同儕有密切交集與互動的難得契機。自己的記憶庫超強，有數不完的寶可夢可聊。和同學相約外出抓寶時，除了人際關係升等，他也可以扮演景點導覽員，充分發揮豐富的社會人文知識，在分享之餘，還能進一步觀察同學對於解說的反應。

此外，跳脫宅男生活，走出家門，在尋找寶可夢的過程中，除了讓孩子對周遭的生活多了些關注，也能兼當運動。同時，藉由吹風、散步與轉移注意力，達到抒解和調適壓力的效果。

我們只要在一旁，相信孩子就好，相信他一定可以找到「多贏」的模式，讓時間發揮最高效能。

畫「田」字格，排出輕重緩急

讓我們試著思考看看：「孩子可以怎麼使用時間？」

請注意，**這裡強調的是「可以怎麼使用」，而不是「該如何使用」**。

想像有一個「時間的禮物」擺在眼前。如果不用拿來準備功課、看書和寫作業，孩子的腦海裡，或許會很自然地浮現出許多「想做」的事情。

至於這些「想做」的事情，是否等於父母願意讓孩子去做？對於答案，在此我持保留。孩子「想做」的事情，或許已被忙碌的課業、補習、安親和才藝等事情，壓抑在內心的絕望深處了。

在「想做」與「需要做」之間的拉鋸，往往也是親子溝通及衝突的關鍵點。特別是家有青春期的資優生時，爭執情節往往像八點檔的連續劇，不斷上演。

正為此煩惱嗎？別擔心，有個方法可以幫助孩子學會排列眾多待辦事項的先後次序。

拿出一張Ａ４大小的紙，在上頭畫出「田」這個字，分別在四個方格裡標示出：重要、不重要、緊急、不緊急。在紙上會呈現出四種排列組合：

- **又重要又緊急**
- **重要但不緊急**

又重要又緊急	緊急但不重要
重要但不緊急	**不緊急又不重要**

- **緊急但不重要**
- **不緊急又不重要**

這個模式，你應該不陌生。不過，能否徹底執行則是另一回事。

和孩子一起思考眼前的待辦事項，接著分別填入四個格子內。

透過討論，親子可以腦力激盪出如何排列眼前事情的優先順序，同時提前規劃自己的生活內容。並且能培養孩子擁有好好過生活、過自己心目中生活的能力。

在討論過程中，雙方對於「重要」與「優先」、「想要」與「需要」之間，多少會碰撞出衝突的火

花。這當中，我想沒有標準答案，但是可以有彼此討論出的共識。

基金投資廣告的最後都會接一段很經典的警語：「投資一定有風險，基金投資有賺有賠，申購前應詳閱公開說明書。」不妨把它調整為：**「放手一定有風險，時間投資有賺有賠，運用前應詳閱公開說明書。」**這裡的公開說明書，指的是親子之間經由討論所研發出的共識。

讓孩子學習負責自己時間的操盤吧！在「合理範圍內」，放手給孩子練習對時間的規劃與自主。**父母需要一些勇氣，孩子需要一些自律。**至於績效如何，就看親子之間如何攜手，讓時間「浪費」在美好的事物上。

「神啊！請多給我一點時間。」這是許多孩子內心的呼喚。你，聽見了嗎？

原來資優生都這樣？

不要以偏概全，過度放大資優議題

「丹爸，你來看這些新聞標題，好嚇人！我真擔心我們家阿丹也會……」丹媽著急地叫喚著丹爸。

丹爸從妻子手中接過一張紙，定睛一看：

「弒母少年國中念資優班　學壞誤入歧途」（《中時電子報》，二〇一六年五月二十六日）、「高雄市資優生被媽媽碎碎唸　竟想跳樓尋短」（《自由時

報》，二〇一六年四月三十日）、「資優生花七千元挨罵跳樓　警攔下」（《中時電子報》，二〇一六年四月三十日）、「資優少女輕生　因拿美工刀遭學校開除」（《ＴＶＢＳ新聞》，二〇一五年十一月二日）、「搶手機失手　高三資優生五拳打死弟」（《蘋果日報》，二〇一五年七月二十五日）……

「你把這些新聞列印出來幹嘛？」他疑惑地望著一臉驚嚇的妻子。

「我只是……」丹媽欲言又止地說：「我只是好奇地上網搜尋新聞，輸入『資優生』三個字，想說會看到什麼，結果……」她嚥了嚥口水。

丹爸說：「你很無聊耶！你沒看出來嗎？這些都是負面新聞，因為很聳動、很灑狗血，很容易被扭曲。你啊！將這些負面標題集中在一起，馬上就強化了你對資優生的錯誤刻板印象，對不對？」

「我的擔心也不是現在才有的。每次看到電視播報資優生的負面新聞，不是跳樓就是發狂，就讓我失眠好幾天。阿丹也是資優生，我擔心他會不會……」

「會不會什麼？老婆，你不要沒事找事做，自己嚇自己。」丹爸說完，隨手把紙撕成碎片，扔到回收箱裡，並且很慎重地告訴丹媽：「你要提醒自己，這些都只是個案，不能套用在所有資優生身上。這些新聞標題在網路上和電視新聞裡播出，引導大眾的想法，把單一事件直接跟資優生做連結，根本就是以偏概全，實在非常可怕，對於資賦優異的孩子更是不公平。」丹爸說。

「不公平……」丹媽口中唸唸有詞。

「對，這對阿丹也不公平！不要再給資優生貼標籤，放大關於他們的負面議題了。很多事情也會發生在一般人的身上，只是對於資優的孩子來講，處理起來可能更複雜。不過，又不是只有資優生才會發生這些事。就像憂鬱不會只發生在資優生身上一樣，自殺、想不開，一般的孩子也會想不開啊！我們不要被媒體左右了想法，去過度解釋和放大問題。倒是要多留意阿丹的情緒狀況和人際關係，這些反而是很容易被忽視的地方。」丹爸一口氣說出了自己的看法。

「天啊！老公，我真是太欣賞你了。說得頭頭是道，條理如此清晰、理性，不會受媒體左右想法。」丹媽佩服地對丈夫說。

資優生教養的「心」解答

放在心裡的提醒

移開鎂光燈，讓我們把焦點轉回資優生身上。

這些孩子的資質的確與眾不同，一旦遇到狀況，幾種特質相互碰撞之下，可能會發酵出不同的解決方式。例如敏感的強烈激動情緒、不合理的高度自我要求，以及對於完美過度執著等等，當然，也包括父母和老師的過度期待。

不過，正如資優的孩子並不是全都容易有憂鬱的問題，憂鬱也絕對不是資優生的專利。只是當兩者加乘在一起時，所造成的效果會充滿了威力與破壞力。

謝絕以偏概全

對資優生來說，「以偏概全」是一種非常具破壞性的看法。尤其是從某個特殊案例或個案，無限擴大到關於這群孩子的想法。從「原來〇〇〇**也會**這樣」，直接跳到「原來〇〇〇**都**這樣」。你可以想像，**無論把哪一個群體放進這個「〇〇〇」的空格中，都是一種偏見。**

形成偏見很容易，要讓偏見消失卻很難。

預防關注被放大的殺傷力

資優畢竟是一種「限量」的天賦，在社會上，容易聚焦鎂光燈，特別是當議題充滿負面訊息時。想想看，一般人眼中所謂的「人生勝利組」突然變得黯然失色，或表現出與眾人目光極大反差的負向新聞時，媒體就很容易過度放大相關議題。

「原來資優生也會這樣」的想法，某種程度似乎也平衡了一般人的心態。但是

這些孩子算是特例，放大議題，對於認識資優兒是沒有幫助的，反而容易造成負面的反效果與強化刻板印象。

不管在生活上、情緒上或人際關係上，資優生絕不會全都是抗壓性低的「草莓族」。挫折忍受力的議題，每個孩子都會有，資優生不見得比別人差，只是他們有自己專屬的特質，這些特質讓他們看待挫折忍受力有不同的風景。

資優生需要被了解，而不是被誤解。請謹慎面對相關的新聞事件。

孩子不想再上資優班了，怎麼辦？

孩子有屬於他的適當位置

「我不想上資優班！」昕妍一回到家就把書包往沙發上一扔，拋出這一句令媽媽傻眼的話。

「昕妍，你說什麼？媽媽有沒有聽錯？」

「我說我不想上資優班！」昕妍加重語氣又把話說了一遍。

「這……這……」媽媽一時啞口無言，因為她從來沒想到會有這個問題。「你不是一直都在資優班好好的嗎？」

「什麼叫好好的？國小和國中那種分散式的資優資源班，和現在高中的集中式資優班非常不一樣好不好。你根本搞不懂！」昕妍表現出不以為然的態度，覺得媽媽根本在狀況外。

「你知不知道高中資優班要承受的壓力有多大？我現在面對的競爭對手個個都是重量級的，你懂嗎？」

媽媽似懂非懂。

「你知不知道？班上同學看我的眼光讓我極度不舒服。那種對我的鄙夷、瞧不起，好像覺得我跟他們不是同類人。如今的我被同學遠遠甩在後面，連最後一班車的車尾燈都看不見，我好慌，老是焦躁不安。為什麼會這樣？成績好又代表什麼？我好迷惘，找不到方向了！」

昕妍愈說，語氣愈急。可以想見這股壓力已經積壓在她內心許久，對著媽媽就像有了一個破口，潰堤了，所以她一股腦地將怨言拋出。

「我知道敏感是我的特質之一，而這種敏感讓我太容易負面思考。我好不開心喔！好討厭這一切，不知道該找誰說。就算說出口了，我也懷疑有沒有人聽得懂，就像現在。我像被困在一個籠子裡，不管喊得多麼聲嘶力竭，周圍的人都聽不到。好想逃走，可是能逃去哪裡呢？沒人知道我心裡在想什麼吧！連我自己都不知道了。」

面對昕妍連珠炮似的反應，媽媽感到有些招架不住。

「媽，我不想再上資優班了！」這句話再次精準地擊中媽媽的要害。昕妍媽媽知道她現在急需要救兵，只能衷心期盼丈夫趕快下班回來解圍。

當家裡的資優兒拒絕再上資優班，受窘的爸媽到底該怎麼辦？

資優生教養的「心」解答

衡量孩子面對壓力的負荷量

我們這些做爸媽的，常常幫孩子的生活與教育規劃許多未來。這麼做美其名是出於好意，但我們忽略了一個事實：身處在其中的，是我們的孩子。

當孩子不斷拋出求救的訊息，當他不斷在資優班的大海裡載浮載沉，我們卻依然在岸上圍觀，品頭論足。

孩子已經用盡力氣，不斷揮動著雙手且疲憊不堪，我們卻殘酷地不願或不知該拋下救生圈給他。最後的結局，你應該憑想像就可以知道答案了。

每個孩子所面臨的壓力源不盡相同。同一件事情，例如考試排名、分組討論、上台發表或同學間的冷言冷語，對於不同的孩子，所產生的壓力能量也不同。

千萬別如此質疑孩子：**「為什麼其他同學可以，你就不行？」這樣的說法，很容易拉大親子之間的間隙，而且會讓孩子覺得你並不了解他。**

壓力源不一定都是負面的，例如落在班上後三名是壓力，考到班上前三名也是壓力。

面對刺激時，孩子需要具備高承載的負荷量與抗壓性、高品質的挫折忍受力，以及因應壓力的調適能力。

你了解孩子能夠負荷的壓力有多少嗎？

拒絕是勇氣，選擇是智慧

進了資優班之後，因為適應不良而決定退出，需要的是一種「放下」的勇氣。放下，不僅挑戰著孩子，對父母也是挑戰，真的非常不容易。畢竟孩子好不容易進了資優班，怎麼可能如此輕易就讓他離開？

有些爸媽會認為反正已經進去數理資優班、語文資優班了，就算成績再怎麼差、排名再後面，自己的孩子仍然屬於「資優款」。或者抱著一種天真的想法，認為資優班等於升學保證班。

抱歉，沒有人可以向你保證這一點。

每個孩子都有屬於他的適當位置。到底要怎麼做，需要我們謹慎與細膩的觀察，以及親子間的溝通、討論和磨合。

面對孩子的拒絕，請先跳脫「留下來或選擇離開」這種非黑即白的二分法。少安勿躁，別急著做決定。

釐清孩子無法適應的關鍵原因

當孩子拒絕再承受所謂「資優生」的身分時，**首先，我們要釐清他無法適應的關鍵原因，並且進一步判斷及尋求解決之道**，有助於更清楚地了解他的身心狀況是否適合繼續下去。

許多孩子抱怨在資優班有壓力，這種負擔可以想像，特別是他在國中的成績可能總是名列前茅，但是高中一旦進入數理資優班、語文資優班，周圍的生態一下子改變了。放眼所及，都是高手雲集，這會讓孩子覺得喘不過氣來。

身旁同為資優生的超能力像低氣壓籠罩，讓孩子的自信愈來愈低，低到快不能呼吸。

甚至，如果自己的表現沒有以前那麼優秀了，還會讓他懷疑起自己是真資優還是假資優。

資優班裡的無所不比，自然喚起了孩子的自卑與焦慮。孩子心裡是否能承受？學習表現是否能突破？無法適應的關鍵，短期是否能解？這些都將牽動著最後去留資優班的決定。

家有資優兒，該不該讓他跳級？

傾聽孩子所要，而非父母想要

現代人看待教育，常希望能夠「快一點」。只可惜不能用飛的，要搶快，就只能選擇「用力跳」，一跳、二跳、三跳，國小少一年，國中減一年，高中再縮短一年。

跳級生，也常常因而成為新聞話題，比如《自由時報》曾報導：「大學申請一階　東山跳級生過台大五系」。《聯合新聞網》則有：「精誠跳級生　台大醫科有望」。還有《中時電子報》：「跳級生吳柏勳　高雄區特招榜首」。

看孩子這麼會「跳」，父母很樂。對於跳級的當事人來說，心情卻很複雜。

「老公，你想，該不該讓哥哥去跳級？他現在學的英文、數學都已經滾瓜爛熟了，如果老是學一樣的進度和內容，那不是太浪費他的時間嗎？」媽媽說。

「哥哥現在讀資優班已經很好了，不要再徒增他新的壓力啦！」爸爸有些不以為然地回答。

「可是，能夠縮短一年的修業年限不是很划算嗎？讓他在新的一年裡，提早學習新的課程內容，這樣不是很好？你沒看新聞裡，那些跳級生的爸爸媽媽眼睛多亮啊！」媽媽不放棄地補充。

爸爸回以內心的顧慮。「但你有注意嗎？有些跳級生的眼神多麼黯淡。哥哥的英文、數學是比別人強很多，可是我擔心他的身心狀況還是個小孩子，講話還很稚氣，面對問題的解決能力也不夠強。他的個頭這麼小，在學長姊的班上，怎麼看都是小不點一個，這樣不是很容易被欺負嗎？」

「可是如果他有縮短年限的學習能力，為什麼不縮短呢？我很在意的是，這樣可以比別人少花一年耶！跟同年齡的孩子相比，也等於多跑了好長一段距離，這樣也可以提早一些學到以後進入社會的能力，不是嗎？」她極力想要反駁丈夫的話。

但丈夫也相當堅持。「老婆，別再錦上添花了。對哥哥多些雪中送炭，把他相對比較弱的能力再加強啦！我倒不希望孩子眼中都只有英文跟數學。就算他英文、數學很強，他還是要跟人家相處。在這個社會上生存，不能脫離人的。」

「可是他有跳級的能力，為什麼不跳級？一年可以省多少時間，你知道嗎？」媽媽像迴圈般在跳級的話題上打轉。

"To be, or not to be, that is the question." 如同莎士比亞寫在《哈姆雷特》裡的這句話。想法的不一致，使夫妻倆在「孩子是否跳級」的思考上陷入了兩難。

資優生教養的「心」解答

跳級非零和遊戲

跳不跳級，不是零和遊戲。雖然最後終究會有一個答案勝出，但是，**關鍵在於**

我們如何思考「跳級」這個議題。

有些父母心裡可能這麼想：「一步一腳印不是比較踏實嗎？讓孩子在學習上比較輕鬆、自在，反而可以多出更多時間，去學習他比較弱的情緒跟人際處理。如果學校的資優教育做得好，跳不跳級根本不是重點。」

的確，除了聰明之外，資優生也需要懂得過生活的智慧。不過，如果孩子的身心發展狀況適合、學習上有需要，更重要的是他自己有意願，跳級也是一種選擇。

到底該不該跳級，沒有絕對的答案，但是在選擇之前，必須仔細考慮清楚。並非所有的資優生都得選擇這麼做，這條路也沒有我們想的那麼好走，跳級不是孩子想要就能達成的。

跳過的空白生命經驗

就算孩子在學習領域順利跳級了，但不管再怎麼說，跳級生的生理與心理還是維持在原本的年齡層。

那張稚嫩的臉龐對我們訴說的是：「有些事，依然沒變。」

孩子是以他所擅長的領域，在學習需求上進行加速或跳級。但我們一定要記得，一個孩子的需求不會只有學科成就那麼簡單。

雖然是出於自己的意願而跳級，但他還是跳過了屬於他這個年齡應該學習的其他事情，例如與人互動的技巧、話題、經驗，以及共同的生命感受和共鳴等。

按下了跳級鍵，宛如按下了空白鍵。有時候，這一段空白很難再用別的事物去取代。跳過了，就是跳過了。

所以，我們需要靜下來思考：**當跳級超齡又超負荷時，這一「跳」，到底跳出了誰的需求？而孩子的需求又是什麼？**請注意，我要強調，**是孩子本人的需求，而不是父母想要什麼。**

我們把關注的焦點擺在哪裡，不知不覺地，孩子也會把目光位移到那裡。重點是那些生活的經驗、生命的經驗，都需要我們一步一腳印地去經營與踏實感受。有些事物，沒辦法像看影片那樣跳著看或快轉播放。

加速，加出了什麼問題？

這裡要談的是跳級的「心態」。

有時候，我們需要去思考：加速學習，會不會加出什麼問題？

當父母趨之若鶩地考慮讓孩子跳級時，當然不能只想到自己的榮耀。對於孩子來講，**超齡學習就是一種超級負荷，無論在身體、心理、人際社交及壓力調適上，都會造成負擔。**

若孩子在跳級的班上顯得格格不入，想想看，他的壓力會有多大。這不只是能力問題，而是有些事情不是說變就能改變的，比如他的個子、說話方式、興趣或能力，還包括平時沒被注意到的地方。

如果說資優生無法融入一般同儕之中，那麼，跳級生就是另一種雙重的不相容。不光是受到別人怎麼看的影響，而是孩子處在一種與自己的年齡完全不符的壓力中。

真的，請你仔細去考慮孩子內在的想法。不要因為跳級，使得孩子只看到未來的階梯，而忘記注意腳下所踩的那一階。有時候，一失足很容易墜入萬丈深淵。

重新定義所謂的「競爭力」

曾經在一場演講中，現場有位媽媽問了我一個問題：

「老師，你把全家搬去宜蘭，會不會擔心孩子沒有競爭力？」

當時，我立刻拋出了一句反問：**「請問什麼是競爭力？」**

對我來說，國、英、數這些學科是很基礎的能力。除此之外，我心中所謂的「競爭力」，包括了一個孩子對於土地的認同感、對於周圍人的關懷，還有孩子的情緒穩定性、好的挫折忍受力、良好的人際關係、對於周遭事物的好奇與熱情、對自己負責任的態度等。這些是我對競爭力的定義。

跳級生是否也可以跳出（發展出）這些所謂的競爭力？這一點，我很保留。

了解跳級的遊戲規則

要「跳」，不像口頭說說那麼容易。縮短修業年限是有遊戲規則的，除了有法明定申請方式外，還有縮短修業年限的分類（參見第三百零一頁附錄：《特殊教育學生調整入學年齡及修業年限實施辦法》第五條）：

一、學科成就測驗通過後免修該學科（學習領域）課程。
二、部分學科（學習領域）加速。
三、全部學科（學習領域）同時加速。
四、部分學科（學習領域）跳級。
五、全部學科（學習領域）跳級。

面對跳級，除了孩子實際存在的需求之外，**請先熟悉遊戲規則，以判斷孩子是否具有取得參賽門票的資格。**

家有資優兒，如何協調手足溝通？

「資優生」三個字，別常說

「媽，為什麼哥哥可以在那邊滑手機、看小說，都不用做功課？」小月問媽媽。

「拜託，誰叫我是天賦異稟呢？我功課三兩下就寫完，哪像你資質平庸。所以平時要多加努力、多加練習，別只在那邊愛告狀！」哥哥說得有些酸、有些傲，讓一旁寫作業的妹妹聽了很不是滋味。

「聰明又有什麼了不起？」妹妹不甘示弱地反駁著。

「喔，不對喲。小月，這我可要糾正你了，我這叫資賦優異，而且是經過鑑定

通過的。可不只是一般人所謂的聰明而已，懂嗎？」

妹妹雙手緊握著筆，如果再稍加用力，那鉛筆可能就輕易地被折斷了。

「你們兩個在吵什麼？小月，數學評量寫完了沒？別忘了明天班上有考試。」

「考試、考試、考試，你就只會管我明天要不要考試，為什麼你就不管哥哥？」

「嗯，小月，什麼管不管哥哥？小星的功課都可以輕而易舉地自己應付，這一點又不需要媽媽操心。倒是你……」

「我又怎樣？好啦！我就是笨、就是平庸、成績爛，沒有像哥哥那樣是資優生啦！」小月情緒激動地回著。

「有自知之明就好。」小星邊滑手機，嘴巴邊碎念著。

媽媽轉身向小星使個眼神，要他閉嘴，別再刺激妹妹了，但哥哥沒有停下來的跡象。

「媽媽，我有說錯嗎？每個人不就都應該覺察自我的能耐？如果資質魯鈍，那就應該多靠平時的努力來補強，不是嗎？小月，你真的應該認命啦！別只是羨慕我回到家可以盡情地滑手機、看小說。我可是有本錢的好不好？別忘了，我們班就只

資優生教養的頭痛問題

有我一個人去上資優資源班耶！」

「小星，你就別再……」媽媽很想制止哥哥再說風涼話，但自己也感到詞窮，因為，哥哥似乎也沒說錯。

面對班上的國、英、數、社、自這幾科，小星平時真的不需要什麼刻意的準備，在班上，成績就牢牢地定在第一名。他甚至還不時嚷嚷著磨刀霍霍，期待趕快升高中，好去讀集中式資優班以一展身手。

然而，兄妹之間總是為了「比較」、「偏心」、「資優不資優」而爭執起口角，讓媽媽好苦惱。說真的，自己卡在中間，常常不知該如何是好。

媽媽常心想：「如果哥哥能夠謙虛一點、體諒妹妹一些，或許這對兄妹倆的相處就能更和諧了。」

小星和小月兩個人，一個在沙發上，一個在書桌前。看在媽媽的眼裡，像是很近的距離，其實彼此的內心卻很遙遠。

資優生教養的「心」解答

聆聽「公平」這回事

當家裡不只有一個小孩時，「公平」這兩個字，總會在孩子嘴上提起。

「不公平！」

或許爸媽覺得在客觀上，自己已經維持了一定程度的公平性，但開口這麼說的孩子，心裡的感受很真實。

請不要忽略孩子的聲音。

我時常提醒父母一件事：面對孩子所感受到的偏心、不公平，請當真，請正視。孩子願意表達出來，還是好事一樁。就怕孩子把不滿、怨懟與委屈壓抑在心裡，而讓自己的想法扭曲、變形，認為爸媽不愛自己。

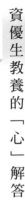

你可以仔細聆聽，孩子如何申訴自己感覺到的不公平。

故事裡的妹妹小月直覺地不滿：「為何哥哥可以享受娛樂，而我卻得辛苦做功課？」

孩子拋出了疑問，但或許你認為，兄妹倆彼此在能力上就不同，完成功課的速度與表現也就不一樣。這到底該如何「公平」？

以小月的故事來說，我想，爸媽可以試著讓妹妹說說看，在這個時候，她自己期待大家該怎麼做。例如當自己仍然在準備功課，是否哥哥可以先不要在一旁享受娛樂，特別是滑手機，多少會妨礙到她的思緒。

讓孩子提供對「公平」的看法與做法。對於非資優的兄弟姊妹來說，心裡比較會釋懷些。

尊重孩子的不同亮點

我們怎麼看待孩子，往往也就決定了孩子如何看待自己、看待別人。

若父母愈去強調、去關注、去談論、去重視資優生的能力與學業表現，這時，很容易讓非資優的手足感到被冷落、被忽視、被遺忘、被鄙視。

「反正我就是沒那麼聰明！」其他的兄弟姊妹可能會因而以偏概全地，全盤否定自己的其他特質與能力。

至於孩子的「其他」特質是否被看見，或者接納它是屬於自己相當「重要」的一部分，就要看父母在家中，是否也會尊重這些與資賦優異「不同」的亮點。

亮點的界定，沒有一定的標準，只要是這個家庭的成員彼此認可的就是。例如：貼心、懂事、善解人意，謙虛、尊重、溫和有禮、誠實、信任與自我負責等。讓孩子了解看一個人、看待自己，別只有一套標準。特別是在兄弟姊妹之間，請別只陷入成績、排名等課業表現的比較。

點亮資優生與手足之間，相互輝映、彼此欣賞的亮點，我想，手足的和諧也會多一點。

「資優生」三個字，請限量說出口

孩子的資賦優異是需要被認識、被了解的，除了爸媽之外，家中的兄弟姊妹當然也需要了解資優的手足。但是，「資優生」這三個字，卻不建議大家在家裡經常提起或引用。

在家中，若父母或資優的孩子本人過度地強調「資優生」這個身分，很容易造成兄弟姊妹間以二分法劃分「誰資優？誰不資優？」，手足之間往往因而容易擦槍走火，產生嫌隙。

就父母來說，要讓所有孩子們都知道，他們都是爸媽的寶。爸媽愛的是小星、小月，愛哥哥，也愛妹妹。**這是一種沒有條件的關愛，並不會受到誰是資優、誰不是資優而影響。**

就資優生而言，則要請他尊重、同理手足的感受。**當他太過於強調自己資優，容易讓兄弟姊妹覺得能力被比下去了，尷尬又難受。**就讓大家在內心裡，對資優身分心照不宣吧。

「同理」的能力，是需要一次、一次又一次，敞開心胸去細心體會的。可以透

過日常生活、與人互動的關係認識到，也可從小說、電影的故事裡學習。

在周星馳的電影《美人魚》裡有一個橋段：人類使用破壞力強烈的深海聲納來驅趕海豚，這時，劇中的男主角劉軒也試著自己體驗聲納的影響到底是怎麼一回事。結果，當他感受到極度疼痛、難耐與不適之後，有了深刻體會，進而要求關閉青羅灣所有的聲納——「同理」，就在這一刻發酵了。

資優生、資優生、資優生……這三個字，有時就像魔音傳腦，而對於家中其他的孩子來說，更像是面對深海聲納一般地尖銳、惱人。

請你提醒自己，也教導孩子，發揮同理心，適度把它關閉吧！「資優生」三個字，請限量說出口。

家有資優兒，如何做好親師溝通？

從同理老師的壓力開始

當班上有資優生，普通班級的老師還可以做什麼？有個念頭隱藏在部分老師的心裡，彼此心照不宣，一切就依「潛規則」辦理——美其名是自主學習，說白了就是「晾」在教室裡。

可是，國中和國小是分散式資優資源班，孩子多數時間仍然在原班級裡。這樣的放空對待，讓許多資優生父母擔憂很可能因此壞了孩子的學習態度，也浪費了時間。

面對家長的疑慮，有的老師乾脆直接把話攤開來講：「我可沒把握能教他什

麼。班上還有其他二十幾個學生要照顧，既然他都這麼聰明了，許多課他應該可以自己來。」

這樣的話，是爸媽最不想聽到的。

「老師，他只是一個禮拜裡抽幾堂課到資優資源班上課，大多數時間還是在自己的班上啊！這孩子需要幫忙的。」

「幫忙？我班上剩下的那二十幾個同學才需要吧。他都去上資優資源班了，那邊也會有專業的老師教他啦！不需要我代勞。」老師說。

家長不放棄地繼續遊說。「老師，話也不能這樣講，他只是個孩子。」

「沒錯，而且是個聰明的孩子。」老師不以為然地回應。

「老師，您就別在『聰明』這兩個字上面打轉了好不好？」媽媽有些無奈。

「我有說錯嗎？資優生本來就是特殊學生。既然如此，專業的部分交給資優資源班老師負責就對了。」老師的語氣明顯不耐又不悅。

「可是，您也知道特殊學生在原班需要協助融合。」

媽媽試著據理力爭，老師卻馬上酸言酸語地反駁：「融合？那些所謂的自閉症、亞斯伯格症、智能障礙或ＡＤＨＤ學生才需要協助融合。你家小孩是資優生耶！」

媽媽發現自己遇上了一道銅牆，眼前這位老師對於資優生有很深的偏見，更別說提供什麼特教需求上的協助了。

媽媽感到無力，也有點後悔讓孩子去參加資優生的甄試。

「如果老師不知道他是資優生的話，或許只會認為他是個聰明、反應快又成績好的孩子，也不至於像現在一副事不關己的樣子。唉！讓他多上了資優資源班的幾堂課，到底是加分、還是減分？」媽媽愈想愈茫然。

資優生教養的「心」解答

資優是上天的禮物，請笑納

資優是上天送給孩子的禮物，我們不得不收下。放任孩子的這份天賦不管，並

不會因此就沒事，反而會礙了事。**忽略孩子資優的事實，反而容易讓他陷入被誤解的危機。**

既然是天賦，那就是無法改變的事實。孩子的資質就是如此優異。

只不過，天賦的重量有時會讓周圍的人承受不起，甚至很怕無法獨自承受，對此，在第一線與資優生接觸的普通班老師或許深有同感。

然而，資賦優異本身就是特殊教育的一環，是師長們逃避不了的（參見第二百九十六頁附錄：《特殊教育法》第一條）。既然法條都已規範了，由此所要傳達的訊息很清楚：這是一群人共同的事，絕非由某個人獨攬大局。

再次強調，資優教育是一群人共同的事。當普通班級的老師面對資優生，在教學上遇到挑戰時，需要後勤支援，例如資優資源班老師、專業團隊服務等共同協助。

關於資優，我們做了什麼？

很明顯地，資優生的確有他的特殊需求。然而，目前國內在資優教育上，國中

資優生教養的頭痛問題

和國小採取分散式安置，孩子平時在原來的普通班級裡上課，並依需求接受資優資源班的服務，不像高中階段是獨立集中成班。

有的普通班老師忍不住會疑惑：這孩子到底歸誰帶？有些老師甚至認為這是資優資源班老師的事。這樣的想法必須修正。

面對有強勢天賦的資優學生，老師千萬別只是放牛吃草或任他隨波逐流。**如果放著他不管，讓他以自己的養分自行學習，等於眼睜睜地把孩子的天賦置之不理。**除了可惜了孩子的資質，有時甚至可能造成他成長過程中的災難。

或許你心裡嘀咕著：「意中心理師，你未免也太誇大其詞了吧？哪有那麼嚴重？」很抱歉，就是這麼嚴重。對孩子忽略不理，絕對會導致一場又一場的災難。

你可能會有些疑惑：「把資優生當成一般孩子有什麼不好嗎？」這不是好或不好的問題，而是資優生本來就不是一般的孩子，他有他的特殊需求。如同ADHD、亞斯伯格症、學習障礙等的孩子，也一樣有他們各自的需求。

我們需要了解資優到底是怎麼一回事，關於他的所思所想、天賦，關於他的能力，同時，也需要為他做些事。

孩子的求知需求等著被滿足。或許你會心想：「我擔心其他學生眼紅啊！」但

那些眼紅、妒忌或欽羨，正好反映了某種程度上對於資優的誤解。

「這不是特權，而是他的需要！」這是我經常說的一句話。請提醒自己，在班上對於資優生所進行的班級經營調整或教學上的修正，你所給予的，並不是孩子的特權，而是他的需要，真真切切的需要。

重複學習的反效果

如果沒有為資優生量身訂做學習內容，可能會產生什麼樣的結果呢？

一次又一次地咀嚼無味之後，孩子很容易對於課堂學習產生無感、排斥狀況，甚至於放棄。

國中、國小的資優生，在原來的班級很容易遇到這樣的情況：當下所學的他都早已會了，卻必須配合其他同學反覆學習。這對他是一種無法忍受的折騰，因而開始質疑：

「我都已經會了，為什麼還要再學？」「為什麼我不能學習新的知識、新的內容？」「為什麼我還要浪費時間去聽我會的東西？」

這是許多資優生在原班裡很容易拋出的疑問。

別忘了，資優生是受到《特殊教育法》保障的，他有自己可以捍衛的權利。老師的確需要針對課程、教材、教法與評量，做出調整與修正（參見第二百九十七頁附錄：《特殊教育法》第十九條）。

資優生是一副好牌，但如何打好手上這張王牌，需要的是大人的智慧。

同理授課老師的壓力

被孩子一波波地挑戰，的確很不是滋味，面對資優學生排山倒海的求知欲，老師真的需要很強大的抗壓性。此外，老師對於所負責科目的內容更需要瞭若指掌。

壓力，不只來自於面對學習領域強勢的資優生。**原班老師經營的畢竟是普通班，必須顧及其他大多數同學的課堂權利，避免上課內容總是以資優為核心，而忽略了其他人的學習能力與感受。**

若資優生父母能夠體諒這些，也等於為彼此的親師關係多添了點潤滑劑。

師生設定清楚的合約

遵守教室規範，這是資優生需要遵循的基本常規之一。

如同其他特殊學生一樣，資優生也不能無限上綱到為所欲為。這可不是學校裡的遊戲規則。

請老師與孩子一起明定清楚的「合約」，把教室裡的規則、方向和界線說清楚，讓資優生有所依循，例如發問時間與發問內容的拿捏。對於資優生問的問題，不是人人都能懂或願意懂，但他們不是愛現，只是想尋找一種符合自己需求的內容。

雖然學習的樂趣就在於碰撞出火花，但我們必須思考，那道火花是否會造成其他同學的大爆炸。

融合是關鍵，也是必要

我常講：「融合很好說，卻不好做。不過，融合是一定需要做的。」

什麼是「融合」？面對有特殊需求的孩子，在學校裡，會有一種想要了解與認識孩子身心特質的友善氣氛，並理解他們需求的特殊性，給予及接納他們所需要的協助與融入。在這樣友善氛圍的校園裡，**可以讓孩子感受到身為「一個人」的尊重。**

現在的孩子不容易教，面對特殊需求的孩子，老師需要花更多時間與心力，來了解、相處並協助孩子融入班級。對老師來說，這等於把他們拉出原本的舒適圈。

在校園服務過程中，我很怕聽到這樣的話：「我們班上孩子那麼多，我哪有時間去了解他，處理他的問題。」「他留在原班只是浪費時間。」「對於班上的孩子，我一定是一視同仁，這樣才符合公平原則。」

這些話乍聽之下似乎有理，但稍微深思之後，讓我全身冒了許多冷汗。

在現實的教學現場，這些的確是許多第一線普通班老師的感受，特別是當導師或科任老師認為「特殊生和我沒有關係，是資優資源班老師與輔導室該做的事」時，這種「保持距離」的反應更強烈。

這些年來，只要是與特教研習有關的演講場合，我都默默給自己一項任務，就是讓學校老師們與特殊需求孩子之間產生「關係」。因為有了「關係」，老師才會在意，才會激起一些想要認識這些特殊需求孩子的漣漪，燃起想要協助他們融入班上情境的動力。

班上有特殊需求孩子的老師需要支持，需要適時獲得協助。面對一般生與特殊生的相處，特殊生在班上因為各種學習、情緒、行為、人際、適應等狀況，及其他一般生家長與特殊生家長的要求和期待，往往讓身處第一線的老師們，在精神、心力、時間、教學與班級經營上，得加倍付出，造成身心俱疲。

我很不希望看見班級老師在缺乏支持與奧援下，被迫選擇放棄「融合」的努力，這對於親、師、生三方都是一種傷害。

特殊需求學生的融合，絕對不是班級導師一個人的事。面對一定要做的「融合」，我想，與孩子相處時間最久的家長，以及校園裡最熟悉資優生的資優資源班老師、巡迴輔導老師、輔導諮商人員及相關專業團隊等專業奧援與介入，都是協助孩子融合的好幫手。

讓我們和孩子彼此「有關係」，朝著融合的目標共同努力。

資優生教養的頭痛問題

老師被資優生「踢館」，怎麼辦？

從欣賞孩子的好奇心開始

在教室裡，當專業被學生所拋出的問題打臉，實在是很難堪的一件事。講台上的老師如履薄冰般，不知道這個反應超快的資優孩子什麼時候會拋出什麼問題，好像是來學校踢館的，害老師的面子掛不住。

「老師，您能不能舉例說明，JR、東京地鐵、都營地鐵和私鐵，這四者的歷史、經營模式的優劣，以及對於東京生活和旅日觀光客的影響與印象？」

小玉的大哉問，讓老師一時啞口無言。重點是，自己現在所教的進度範圍並不

包括這些內容。

小玉追問：「老師，這個問題，您不會回答嗎？您不是社會老師嗎？」

「小玉，你怎麼可以對老師這樣說話？」身旁的同學不滿地質問著。

「我沒說錯啊！」

老師滿臉尷尬地呆立在講台上。

小玉說：「好吧，老師，我再說明清楚一些。ＪＲ全名是Japan Railways，日本旅客鐵道。它是日本最大的鐵路集團……」

「閉嘴！你說夠了沒？搞清楚，我們現在上什麼課？」「你憑什麼質疑老師的教學？以為自己是日本通就了不起？」「你來踢館啊?!」

全班同學不滿的情緒如火山爆發。

「為什麼我不能說？我有合理而充分的理由。我知道自己的質疑確實挑戰了老師的專業和威信，但老師可以說服我，我也可以試著學習說服他。知識本來就是可以討論、可以懷疑的。每個人所知的都有限。雖然我懂的比你們多，但我不是高傲，只是實話實說。我沒有要踢館。」小玉極力強調著。

「你這叫沒有要踢——」

資優生教養的頭痛問題

小玉不等同學把話說完，繼續連珠炮似地發表了自己對於知識的想法。

「我不是故意要拋出令老師傻眼難堪的話題。我只是以為，每個老師應該都有豐富的知識與涵養，可以隨時用來回答學生的問題，提供給我所有我想知道的內容。我並沒有故意要質疑老師的能力，也不想要讓老師難堪、把老師比下去。」

同學們紛紛遮住了耳朵，不想再被這番高談闊論疲勞轟炸，但小玉仍然自顧自地發表心中的感想。

「我相信每個人懂的都有限，老師也是如此，但我並沒有想要挑戰老師的智慧。很抱歉，我讓老師在教室的權威受到威脅，但我覺得這是老師必須自己去面對的。我想老師應該有一種雅量和勇氣去承認自己的有限。名師出高徒，老師應該要高興有我這樣的高徒。」

小玉講了一長篇，同學們面面相覷。

老師的臉紅了又綠，綠了又紅，愣了好一會兒，心裡竟有一種被這個學生給「完封」，提前出局的感覺！

資優生教養的「心」解答

因材施教：量身訂做給需求

說打臉，有時真的是言重了。孩子真的是想踢館嗎？

或許有些資優生很享受這樣的樂趣，但大多數的孩子不是不尊重老師，而是黑板上所教的事，對他來說是再熟悉不過的內容。相同的內容咀嚼一次、咀嚼兩次、咀嚼三次，會讓孩子倒足胃口。

這不是尊不尊重的問題，而是必須考量資優生的「學習食欲」。也並非孩子偏食，而是知識的營養素滿足不了孩子的內在需求。

該如何因應這一點，有待普通班老師、資優資源班老師與資優生家長，共同坐下來思考（參見附錄第二百九十八頁：《特殊教育法》第三十六條；第三百頁：

《特殊教育課程教材教法及評量方式實施辦法》第二條）。

必要時，老師就**給孩子來點困難、極富挑戰的內容吧！難度可以往上調升幾個級距，深度可以高深莫測。資優生就是喜歡這種口味。**

接受每個人的有限

遇上資優生，對老師來說有時是一種颶風般的威脅。

別以為老師就比孩子強，什麼都懂。這樣的想法並不合理。每個人懂的事情有限，也都有屬於自己關注的範圍。**老師並非全能，資優生也不是。**

權威，能不能被挑戰？當然可以。只是這需要極大的勇氣與說服力，及你所提出的觀點、看法與見解是否能說服對方。

資優生常常提出一些原創的看法。這對於大部分的人而言是陌生的，而如此的陌生感往往使人感受到威脅。這很自然，孩子也必須學習去接受與面對。

教室裡，一切都是老師說了算嗎？在這裡我先打個問號。

但是，在與老師的互動上，當然必須維持最基本的尊重。

孩子是踢館？還是僅僅好問？或許可以私底下聽聽他怎麼說。

欣賞孩子散發的好奇心

別被資優生的好奇心嚇著了。我們要讓他了解，每個人都有自己懂的界限與範圍，沒有人是全知全能的。

好好欣賞資優兒的好奇吧！享受他所展現的好奇吧！我們多久沒有像他如此的好奇呢？

資優生強烈的好奇心，驅使著他往未知的知識國度前去。他並非要讓大人難堪，也絕非想找人較勁。雖然有些孩子很享受透過高規格、連珠炮式的發問，讓人招架不住，但並非所有資優兒都如此。有時，他只是很單純地散發出好奇心而已。

有了好奇心，讓我們有機會接觸更廣大的綺麗世界。

資優生教養的頭痛問題

是資優？還是注意力缺陷過動症？

六大方向初步做出分辨

放學後的教室裡，小威媽一個人枯坐著，等候當導護的班導回來。

「到底要跟我討論什麼事？電話裡說一說，或LINE一下不就好了。」媽媽心裡很忐忑。

不久，導師匆匆忙忙回來，還來不及脫下導護背心，就直接在小威媽面前喘吁吁地坐了下來。

「小威媽媽，不好意思，讓你久等了。我想時間寶貴，也不浪費你的時間，我

們就直接把話題說開。」

導師的單刀直入讓媽媽有些錯愕，心頭浮上了不祥的感覺。

「小威上課常常不專心，愛講話並動來動去，很容易生氣，而且常和同學起衝突。我懷疑他有ＡＤＨＤ，就是注意力缺陷過動症。你要不要帶他去醫院評估，看看要不要吃藥？」

「這……老師，你也未免太未審先判了。」媽媽心想，但她忍住未點破，只說：「不好意思，我不太懂，老師的意思是……」

「媽媽，我知道小威是資優生，但我更可以確定他同時也是過動兒，就是我剛剛說的ＡＤＨＤ。」導師很有把握地說。「我再把問題敘述得清楚一點。小威在教室裡上課時根本不專心，老是看著窗外或天花板發呆，對於我的上課內容愛理不理。他還常常不把我的提醒當一回事，也不等我把話講完再舉手發問，常常急著接連拋出一個又一個的疑問。有時對我的答案不以為意，有時卻又顯得不以為然。」

小威媽如鯁在喉，愈聽心裡愈悶，覺得有話真的非說不可。

「老師，很抱歉，我想小威上課應該真的讓你很頭痛。但是你剛剛所提的問題，並非那麼理所當然地都與過動兒劃上等號吧！你不覺得，正因為小威有資優特質，在考量上不是需要更謹慎嗎？千錯萬錯不一定都是過動兒的錯。我們不能如此草率地看事情。」說到這裡，她心裡有些激動，但她還是要把話說完。「尤其是小威都還沒有去任何兒童心智科或兒童精神科就診過，所以拜託老師別那麼直接認定他是過動兒。」

老師突然有種被人一拳打中胸口的感覺，悶悶的，但又不是很服氣。他心想：「或許我剛剛講話太直接了，沒有做好親師溝通。但我可以肯定小威的確是過動兒，八九不離十。」

空蕩蕩的教室裡，導師與小威媽尷尬地對視著，空氣似乎暫時凝結了。

在學校裡，常聽到類似的對話，一個一個被高度懷疑為ADHD的孩子，就這樣被提出來。

老師可能很直覺地懷疑孩子是不是有注意力缺陷的問題，但往往被家長否定。做老師的也有些搞混了：這孩子拋出問題，到底是出於衝動？還是對於我的上課內容不滿足？當孩子看著窗外時，無法分辨他是在發呆？還是在思考？他到底有沒有在關心我的上課內容？

資優生感興趣的世界無限寬廣。有一句經典諺語：「好奇心殺死一隻貓」，我

想應該再添加一句：「好奇心害死資優生」，因為資優生常常出於好奇而被誤會。

我常常提到一句話：「過動兒像青箭口香糖一樣，總是讓人『朗朗上口』，容易被掛在嘴邊，輕易說出口。」你認為ＡＤＨＤ用目測的就可以看出來嗎?小心，當你脫口說出「過動兒」三個字時，其實是越界了，忘了自己並非接受過相關診斷、衡鑑、評估與訓練的專業背景人員。

我相信在一個班上，ＡＤＨＤ的比例經常被高估了。是否真有那麼多的孩子有生理上的注意力缺陷過動症困擾?我持保留的態度。

對於身處教學第一現場的老師們來說，一群調皮搗蛋、干擾教學、破壞秩序、上課愛聽不聽的孩子，往往在班上引發很大的困擾。

實務上，資優生和ＡＤＨＤ，在課堂上常帶來百萬大軍般的壓力，挑戰著老師的班級經營能力。這兩種類型的孩子的確很容易被混淆，而導致後續的輔導介入失焦。因此，學習明確區分資賦優異和ＡＤＨＤ學生的相似與相異，實在有必要。

當資優生與ＡＤＨＤ狹路相逢，我們該如何分辨？

資優生教養的「心」解答

拋出問題，進行鑑別

發現孩子上課時看似分心，講台上的你，可以藉著問他問題作為測試。通常ＡＤＨＤ的孩子會不好意思地問你：「能不能再把問題說一遍？」因為他剛才實在是沒有仔細在聽。而不假思索便直接回答「不知道」的，也大有人在。

不喜歡思考、不願意思考、很難思考，往往是ＡＤＨＤ的特質之一。

但是，面對資優生，當你把他叫起來問問題時，他大都可以回答你，而且還講得頭頭是道、組織清晰又條理分明。他的精明與敏捷，常讓你氣得牙癢癢的——明明沒在聽，為什麼就是考不倒？

資優生的文字組織能力好，作文還可以拿高分。這一點，ＡＤＨＤ孩子就相對

弱勢許多。

在此要附註說明一點：每個資優生所擅長的領域不同，語文能力資優的孩子，可能無法順利回應他相對弱勢的數學問題。

從提問內容來辨察

關於愛講話、愛發問與愛衝動這方面，資優生和ＡＤＨＤ之間有很大的差別。

ＡＤＨＤ的發問常常是天馬行空，非常跳躍，有時，他甚至不知道自己到底在問什麼。但你可以發現，資優生的提問往往都非常有深度、有內涵，讓身為老師的你，有一種被打臉、被問倒的感覺。

ＡＤＨＤ對老師所帶來的壓力，在於他不斷地打斷你，問你一些跟課堂上無關的事。資優生給老師的壓力，則是你對他所問的問題，可能一直沒有辦法理出頭緒。

ＡＤＨＤ的組織能力不好，是普遍現象。但是資優生在說話內容、書寫文章以及表達對事物的看法上，組織能力非常嚴謹，甚至完美無瑕。這跟ＡＤＨＤ很不一樣。

資優生教養的頭痛問題

檢視家庭作業與評量

ＡＤＨＤ的常見情況之一是回家作業要寫很久，而且，還不見得可以順利完成。但是資優生可能三兩下就輕易解決眼前的作業或評量，解題作答乾淨俐落，不像ＡＤＨＤ孩子般拖泥帶水。對於資優生的作業完成度，老師往往相當滿意。

ＡＤＨＤ孩子的回家作業隔天還不一定會帶來教室。資優生則會很快把作業交給你。

考試時，資優生輕而易舉地就拿到高分。這一點，ＡＤＨＤ孩子很明顯地被拉大距離，遠遠落後。

調高難度指標見真章

資優生並非不愛上課，而是他期待能夠上「符合他需求」的課。

不妨嘗試把上課內容的難度調至符合他的能力，資優生可是樂此不疲的，**你**

會發現他眼神閃亮，專注於其中。這一點，對於注意力持續性差的ＡＤＨＤ孩子來說，是很難做得到的。

面對簡單的事，ＡＤＨＤ孩子易分心；面對困難、複雜的事，ＡＤＨＤ孩子更會因不知自己身在何處而分心。

化解雙重身分的模糊地帶

在演講中，我常常拋出一個問題：

「當孩子同時具備資優與ＡＤＨＤ的雙重身分時，誰是主責老師？是負責『資優』身分的資源班老師？或是負責『情緒行為障礙』身分的資源班老師？」

會這麼問，主要在於負責資優的老師，對於身心障礙類型特殊學生的了解程度，例如在面對ＡＤＨＤ的特質、因應與處理上，是否同時具備了解決的能力。

最完美的組合是相關老師，例如導師、負責資賦優異學生的資源班老師、負責身心障礙學生的資源班老師、科任老師等，對於孩子都有相當的概念。但畢竟這只是理想上最完美的情況，實務上可遇不可求。

但是，**如果可以攜手合作，具備雙重身分的孩子將能獲得最佳的學習資源與狀態**。我必須說，孩子無法用二分法區隔成誰只管資賦優異，誰只認ＡＤＨＤ，因為孩子是完整的個體。

彈性切換，以因應孩子身上的不同特質

常常有家長及老師問到：「如果一個孩子同時是ＡＤＨＤ和亞斯伯格症，該怎麼辦？」

我的回應通常是：「現階段孩子的核心問題如果是過動—衝動，那麼就先依照ＡＤＨＤ來處裡。如果當下他的核心問題是固執，就轉為亞斯伯格症來對待。」

同理，當孩子同時具備資優生及ＡＤＨＤ兩種特質與身分時，在日常生活與學習的因應上，也是比照辦理。就看當下所呈現的核心議題是什麼。是屬於資優的？或是歸ＡＤＨＤ？再適時切換跑道，在資優與ＡＤＨＤ之間進行轉換。

面對孩子在教室裡的脫序行為、違規表現與分心問題等，請記得，這些並不全然都只是孩子單方面的問題，但受限於老師／學生、父母／孩子等「權力不對等」的關係，常常是我們大人說了就算。

我們往往會把自己看到的現象，例如：上課不專心、愛講話、動來動去、容易生氣、和同學起衝突等等，直接拼湊起來，冠上一個「過動兒」的稱號。如此以偏概全、標籤式的反應，讓我們少了一份細膩、敏銳、體貼和謹慎的自我察覺。

所以，**不要只歸咎於孩子的表現，老師也請審視自己的教學與班級經營，是否有可以調整和修正的地方。**

老師當然有對孩子的問題表現提出質疑與猜測的權利，但在向家長反映「你家小孩是過動兒」之前，請先具體地想想，發現孩子上課不專心、愛講話、動來動去，除了平時只是用說的隔空提醒、叮嚀或糾正他之外，自己在班級經營上，是否曾經努力過什麼？

例如：上課趨近他，看著他的眼睛再說話，讓孩子回答問題，或者安排相對穩定的同學坐在鄰座等。同時，也請試著思考孩子在不同的課程、不同的老師、不同的情境下，表現是否都一致。ＡＤＨＤ的表現是跨情境的。

當老師已經用心做了這麼多，雖然孩子的脫序行為依然如故，不過，至少，你曾經做了一些努力來澄清問題，這時再與父母討論，是否需帶孩子轉介至相關醫療院所進行評估與診斷，如此在親師溝通上，便多了許多體貼與友善。

是資優？還是亞斯伯格症？

五大原則認識孩子的獨特

「老公，你有沒有覺得阿坤怪怪的？他會不會是……」阿坤媽欲言又止，畢竟她也不想亂貼標籤在自己的孩子身上，但她總覺得阿坤有哪裡不對勁。

「怪又怎樣？我們這個社會有一個現象，只要你這個人成功，達到世俗認定的成功，再怪都沒關係。阿坤不是資優生嗎？哪個資優不被說是怪？」阿坤爸老神在在地說。

「話是這麼講沒錯，但是……」阿坤媽實在很討厭自己這種猶豫又擔心動輒得咎的個性。

「但是什麼？說個話老是沒有結尾，要別人猜。」阿坤爸顯得有些不耐。

「……你有沒有聽過亞斯伯格症？你不覺得阿坤在某些特質上和亞斯伯格症很像嗎？」話一脫出口，她的焦慮竟然緩和了許多。

「亞斯伯格症？媒體上不就常常寫到哪些名人有亞斯伯格症嗎？」阿坤爸一知半解。

「你不懂啦！有兩類的孩子很容易被認為是怪人，一種是亞斯伯格症的孩子，一種是資優生，一般人常常把他們搞混。」

「那又怎樣？」阿坤爸有點不以為然。

「有些孩子的身上同時有資優和亞斯伯格症的特質。阿坤的資優光環很耀眼，可是如果忽視了他可能也有亞斯伯格症，我擔心會不會對他不好。」阿坤媽煩躁地說：「就算我們選擇忽視，可是亞斯伯格症的特質不會不見啊，只是我們不願意去看而已。我聽說那種被忽略的亞斯伯格症，就像影子一樣，會在不知不覺中對孩子的生活、人際和學習適應力上產生影響耶！」

「有沒有亞斯伯格症，又不是你自己說了算。」阿坤爸望著滿臉疑惑的妻子。

「只是……」

「只是，你就先別亂猜了。」阿坤爸下了結論。

我曾經在演講現場詢問家長和老師：「當一個孩子同時具備了資優生及亞斯伯格症的條件，家長在申請特殊學生身分的鑑定上，會選擇哪一個？」

其實不用等待家長回答，我也早就知道答案——無庸置疑，資優一定是壓倒性地勝出。

父母和老師有時忍不住會懷疑，眼前的孩子到底是資優還是有亞斯伯格症。做爸媽的寧可相信孩子是「資優」，而不是惱人的「亞斯伯格症」。理由很簡單，對於許多家長來說，孩子只要具備了學習的優異條件，就不需要再透過亞斯伯格症的身心障礙身分，來取得學習上關於評分、考試與課業等調整的權利。

在談論資優時，很容易與亞斯伯格症孩子相提並論。

我常這麼說：「與其說他們怪，倒不如說是我們涉世未深。」

我們的見識，真的是沒這些孩子深、沒這些孩子廣。說他們是怪胎，倒不如說，是大部分的人不了解他們，或存有片面的刻板印象。

資優生與亞斯伯格症該如何分辨？我們又該如何貼切地加以看待？

資優生教養的「心」解答

謹慎「怪」談：別輕易脫口說出怪

我們對這個世界的了解是很有限的，對於自己不懂的事物，常常就認為「那好怪」，和我們的生活格格不入。或者說在某種程度上，這種「怪」反映出了，大多數的人根本不願意花時間去了解。

把許多事情用一種籠統的「怪」來形容，很不負責任地就將其歸到邊緣、角落，其實這是一種瞧不起人或見不得他人好的心態，對某些人來說，也顯示了他不願意面對真相。拋出一句「怪」，三言兩語便對某個人套上刻板印象，這很容易，卻讓周圍的人少了一種想要去了解他們的動力，只因那非我族類。

然而，身心特質的不均衡，實在讓這群孩子吃盡了苦頭。**獨特，往往使他們在**

別人的眼光中成了「怪胎」。使用「怪胎」這個詞，真的要很謹慎。有時過度強調他人的怪，反而顯示出自己的觸角與視野的薄弱及窄化。

我們反而應該學習欣賞「獨特」這項特質，不是嗎？

找到頻率相近的同伴

資優生的察言觀色能力比亞斯伯格症孩子敏銳，可以很細膩地觀察到每一個人的表情、動作和說話內容，但不像亞斯容易誤解別人的意思。

資優的孩子有人際互動的需求。雖然他喜歡高談闊論、分享自己熟悉的事物，但並非不想聽別人的意見，而是他人對於他所談論的內容，不見得可以馬上理解或追上進度。這不應該是資優生的錯，也不是其他人的錯。**這種事情本來就沒有對錯，只是彼此的「頻率」不同。**

當物以類聚，具有相似特質的資優生在一起時，就容易碰撞出璀璨的火花。

資優的孩子是否就是喜歡一個人獨自學習呢？那倒也未必。只要找到相知相惜的隊友，他們仍然可以熱衷於如此精實的組合，將團體的實力發揮到淋漓盡致。在許多科展與競賽場上，常可見資優生組合完美搭配演出的身影。

資優生並非無法團隊合作，只是他還沒遇到一群「登對」的人，一群能夠相知相惜、共同合作的夥伴。在資優的路途上，這是可遇不可求的。不過，資優的同學之間或許能惺惺相惜，英雄惜英雄。

在「群性能力」這點上，資優生大大勝過亞斯。

以焦慮作為判別的指標

資優的孩子具有敏感的特質及過度激動的情緒，很容易讓別人感覺到有些急躁與焦慮。但是，這與亞斯伯格症孩子的焦慮不同。

亞斯常因為必須適應情境轉換而焦慮，例如面對新的人、事、物時，由於陌生、未知，而感到焦慮、排斥或不安。

然而，對於資優生來說，新的事物帶來的卻是驚喜、挑戰和樂趣，驅動著他想

要去嘗試與探索。

對於亞斯伯格症的孩子，問他問題，他不見得可以回答或願意回答，並會因此而感到焦慮。相反地，資優生往往不但能回答，而且一開口便滔滔不絕。

留意固執所帶來的耗損

專注，是一種美德。若極為專注於特定事物，照理說應該要被歌頌才對。然而，對於特定事物的過度專注，卻很容易讓孩子對周遭缺乏應有的關注與接觸，而產生排他性。每當談論亞斯伯格症孩子時，我經常強調這一點。

亞斯伯格症對於資優生到底是加分？還是減分？這就要看不同特質的組合，是否發揮得淋漓盡致。

對特定事物的堅持與投入，就知識的學習來說，有著不容忽視的正面力量，可以促使資優生聚焦在自己所熟悉、所擅長的領域裡。「專注」與「堅持」就像添加了一對羽翼，讓資優生在專業學習的領域裡自由自在地翱翔。這些特質的加持，使他立於不敗之地，特別是在專業領域的學習上。

可是，當資優添加了固執的元素時，對於資優生的生活適應是大大地減分。固執，也很容易讓資優兒陷入思考的泥淖，無法掙脫，因而造成身心的耗損。

在同一個孩子的身上，同時具備資優與亞斯伯格症的身分，這兩者都是屬於自己的一部分，無法切割，也無法另眼看待。

資優的孩子請勿責怪亞斯伯格症，因為兩者都是屬於自己的特質。

調整認知，合理接收「被看」的刺激

有人期待被注視，有人則不愛成為他人的焦點。這當中的差異，主要在於反映彼此對於「被看」這個刺激的解釋，也就是以怎樣的想法去看待。

對於容易焦慮的亞斯來說，通常容易以負面的想法來解釋他人對自己的注意。

「人家一定覺得我很奇怪，這麼笨手笨腳的，反應又慢，不然他們為什麼都在看我。」

「反正我說的話都沒有人聽得懂，也沒有人想要聽，從他們的眼神看來就是一副懶得理我的模樣。」

每當孩子這麼想的時候，負向思考的鋒面，往往也為自己帶來一陣陣焦慮、不安、害怕、恐懼、緊張或恐慌等負面情緒的大雨，而讓自己對於社交更加畏懼。

因此，**協助孩子以不同的認知、較為合理的解釋，重新來調整對於互動訊息的看法，就顯得相當重要。**

「他們看著我，或許是對我這個人感興趣，覺得我是一個有意思的人，說不定還很想走過來認識我呢！」

「也許我說的話沒有人聽得懂，但從他們的眼神看來，似乎反而因此更感到好奇，更想要一探究竟。」

改變想法，讓孩子遠離人際互動的焦慮，是穿透社交焦慮的必經之路。

【結語】

父母不資優，怎麼教養資優兒？

「陪伴」是最重要的教養

面對家裡的資優孩子，你在心態上是否矮了一截？

你可能覺得自己似乎沒有孩子那麼聰明。面對有具體分數可以比較的「智商」，你是否容易在心中產生「畏懼」，不知如何教導？

我曾聽過家長聊自己的資優孩子時，一方面覺得與有榮焉，另一方面卻又感到有些不安。

心情矛盾的父母

「怎麼辦？老師推薦偉皓參加資優班甄試，結果竟然考上了。我們從沒想過自己的孩子會是資優生，而且重點是，我們做父母的又不資優，哪能懂他的心裡在想什麼。」偉皓媽媽對好友茹碧說。儘管語帶抱怨，卻也透著一絲欣喜。

「哇！這麼值得高興的事，你竟然還抱怨。資優可不是隨便都有的。」茹碧瞪大了眼恭賀。

「話是這麼說沒錯，但你不知道，帶偉皓這孩子讓我們多頭痛。他講話的速度常常快得像什麼『日本東海ＪＲ的磁浮列車』，聽說時速可達每小時六〇三公里。這個知識還是他告訴我們的。有時偉皓講的話，我們實在是聽不懂。還有，有時我們糾正他，反而被他一記回馬槍弄得很糗，讓他反過來糾正我們。唉！做爸媽的尊嚴都不知道要擺在哪裡。」偉皓媽媽無奈地攪拌著有點冷掉的曼特寧。

「哈！你還在跟自己的孩子較勁？」茹碧覺得很有趣。

「也不是較勁。人家說，資優是一種天賦，我也不知道該不該高興。帶這個孩子真的是高耗能，累得很。他甚至還抱怨過：『我是資優小孩，但你們不是資優爸

資優生教養的頭痛問題

媽，你們聽不懂我在說什麼！』」偉皓媽媽眉頭深鎖。「你說，我們能怎麼辦？每當他有什麼不懂的，就急著要我們馬上教，或者告訴他到底是怎麼一回事。把我們當成維基百科呀？說到教他功課，只會讓我們更慚愧，因為到最後會發現他比我們還懂。」

還沒有育兒經驗的茹碧只能靜靜地聽著好友發牢騷，資優什麼的她也搞不懂。

「這個孩子不屬猴，但是卻很毛躁。我們常常不知道他在急什麼，叫他講話慢慢來，動作放輕鬆一點，可是愈這麼說，他愈回：『慢什麼慢？』他做什麼事情都好快、好激動。他很愛讀書，常常跑去圖書館用家庭卡一次借了二十本，各種類別的書都有，也不知道他到底有沒有看懂。喜歡讀書是好事，只是我們總跟不上他的進度，很難配合他的話題……」

茹碧發現好友訴苦一發不可收拾。看來家裡有個資優孩子，也有不同的煩惱。

「唉！誰教我們爸媽自己不資優？」

偉皓媽媽大大地嘆了一口氣，而茹碧只能在一旁淺淺苦笑著。

比知識，不如比智慧

教養不是和孩子比智力或能力。青出於藍而勝於藍，孩子極高段的聰明反應及在特殊領域的優異表現，是上天賦予他的，沒什麼好比，爸媽心裡不需要太有疙瘩。

我們不用和孩子比較智力，我們就比孩子更有智慧，尤其是在親子關係的議題上，比孩子早「出道」二、三十年以上的我們，多的是社會的經驗值。這一點，你真的要有自信。

跟孩子在一起，只需要「陪伴」，不需要和他比較誰懂得多。

陪伴，能讓你見識到寧靜的威力。

陪伴，能讓孩子知道在他的身旁，有你這份力量。

陪伴，能讓孩子激動的心獲得舒緩。

陪伴，更能讓孩子感受到愛的力量。

關於陪伴，你腦海中的印象與畫面是什麼？如果已經模糊不清的話，請你立即啟動「陪伴」程式。

坦承自己的有限

別忘了一件事：維基百科並不是一個人，而是世界上數不清的人共同的創作。所以請坦然一些面對，我們的確不是維基百科，也不需要是維基百科，我們只要會查維基百科就好。

孩子需要我們的示範，帶領他見識到：去面對自己的無知與有限，並不是那麼見不得人的事。

每個人的觸角本來就有限，就算再資優的人，也並非全能。縱使他資賦優異，所懂得的事情，仍然僅是萬事萬物的一小部分。

接納自己的限制，反而得以換來無限的容量。如此一來，我們更能夠開放自己，接受未知的世界。

天資聰穎的孩子，可以擁有「坦承自己有限」的智慧。

父母有一致的共識

在教養上，夫妻管教方式的不一致，往往會造成親子關係的失衡。鬆與緊、黑臉與白臉、放手與放任、包容與縱容，容易害孩子無所適從，甚至於在行為與觀念上偏離航道。

尤其是面對資優生時，父母所持的立場是否一致，更會明顯影響孩子的穩定性。所謂一致的共識，除了管教方式之外，**最關鍵的還是在於：夫妻雙方是如何看待與期待孩子的「資優」**。

父母雙方是否有共識，這是屬於大人的事，請事先關起門協調好，別讓孩子左右為難。

跳脫財務報表式的教養

請別再像看財務報表似的，老是聚焦在孩子的學業表現、分數的起落與變化，而忽略了他整體、全人的成長。孩子不該僅是冰冷的數字。他是有著溫度的獨特生命。

讓自己重新調整看待孩子的眼光，不要再用「成績好／成績不好」的二分法切換，而是多看見一些孩子的漸層變化。就像個同心圓般，一圈一圈地擴散。每一圈裡，都有著孩子在成長過程中所需的不同養分，比如：學習、思考、興趣、嗜好、自信、動機、人際與心情等。

用關注破解「故意行為」

別忘了，資優生也是孩子，他同樣也有可能出現「故意行為」，好讓你注意他。孩子的故意行為，常讓爸媽及老師搖頭嘆氣。不過，**往好的方面想，出現故意行為至少反映了一點：孩子是能夠「控制」自己的**，因為他總是能算好時間差，在關鍵的時間，做出吸引你注意的事。至於你是否因此感到生氣，這對孩子來說並不是重點。

故意行為同時也提醒了我們要注意一件事：孩子被關注的需求是否被滿足了？

你可能會質疑：「怎麼可能？難道我們給他的關心還不夠多？」不過，對於「施與受」的解讀，雙方不盡相同。有時，孩子在意的不一定是「量」的問題，或許是對於「質」的反應。所以我們要檢視的是，我們付出的，是否是孩子真正所想要的、所期待的。

如果讓孩子填寫一份「父母給予關注的滿意度調查表」或「老師給予關注的滿意度調查表」，或許我們可以先推估一下，自己可能獲得的分數會落在哪裡。

孩子的故意行為讓大人有種被耍了的感覺，而且他似乎樂此不疲。請提醒自己，故意行為並非只限定在特殊需求的孩子身上。這種行為反應，對於一般孩子的成長來說算「基本款」，是很容易自然浮現的反應，也是一個人期待被關注的社會性掌控行為。

面對故意行為，你可能會氣急敗壞地想：「這孩子真會挑時間。為什麼老愛挑我最忙碌的時候找碴？」你愈急，他愈樂；你愈生氣，他愈開心。因為你的一切反應，都在他的程式估算中，他知道只要自己出現某個行為，你就自然會有這種反應，所以，為什麼他不故意引起你的注意呢？

別忘記，他可是資優生，聰明得很。

面對故意行為，可以肯定一件事：當你愈火大，發脾氣的效果就愈差。你的耗能愈大，孩子的故意行為就更被強化，也更使他認為「這麼做就對啦！」而不管是非對錯，只要你有反應、停下你手邊在做的事，把你的目光吸引過去，這一切就漂亮又完美。

追根究柢，若爸媽或老師想要消弭孩子的故意行為，或許，先讓我們回到他的基本需求面：**孩子到底期待你給予什麼樣的關注，這牽涉到了我們對於孩子的內心，了解到什麼程度。**

也許你還是感到茫然，不解孩子到底想要你關注什麼，那麼，或許選個彼此心平氣和，並顧及孩子隱私的場合與時刻，問問他：「你期待爸媽怎麼做？」

孩子很可能會這樣回答你：「只要你多多看著我，不要老是只注意我犯錯。」

資優生，依然只是個孩子

我還是要強調一件事：**面對資賦優異的孩子，我一定先看到他是一個「孩子」**

——和其他孩子一樣期待被關注、被呵護、被愛，一樣也可能愛搗蛋、愛作怪，也期待有朋友、希望被肯定與被接納。

可以這樣想：他／她是一個孩子，只是和其他孩子不一樣的是，他／她具有資賦優異的特質。

我想，如此看待這些孩子會比較周延，也更貼近他們的本質。

【附錄】

國內的資優生相關法規參考

書中提到一些與資優生有關的法規，在此簡單列出。若需要更進一步了解相關內容，可上網查詢（「全國法規資料庫」http://law.moj.gov.tw/Index.aspx）。

《特殊教育法》第一條

為使身心障礙及資賦優異之國民，均有接受適性教育之權利，充分發展身心潛能，培養健全人格，增進服務社會能力，特制定本法。

《特殊教育法》第四條

本法所稱資賦優異，指有卓越潛能或傑出表現，經專業評估及鑑定具學習特殊需求，須特殊教育及相關服務措施之協助者；其分類如下：

一、一般智能資賦優異。
二、學術性向資賦優異。
三、藝術才能資賦優異。
四、創造能力資賦優異。
五、領導能力資賦優異。
六、其他特殊才能資賦優異。

《特殊教育法》第十九條

特殊教育之課程、教材、教法及評量方式，應保持彈性，適合特殊教育學生身心特性及需求；其辦法，由中央主管機關定之。

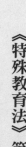

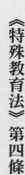

《特殊教育法》第三十六條

高級中等以下各教育階段學校應以協同教學方式，考量資賦優異學生性向、優勢能力、學習特質及特殊教育需求，訂定資賦優異學生個別輔導計畫，必要時得邀請資賦優異學生家長參與。

《身心障礙及資賦優異學生鑑定辦法》第十條

本法第三條第九款所稱學習障礙，統稱神經心理功能異常而顯現出注意、記憶、理解、知覺、知覺動作、推理等能力有問題，致在聽、說、讀、寫或算等學習上有顯著困難者；其障礙並非因感官、智能、情緒等障礙因素或文化刺激不足、教學不當等環境因素所直接造成之結果。

前項所定學習障礙，其鑑定基準依下列各款規定：

一、智力正常或在正常程度以上。

二、個人內在能力有顯著差異。

三、聽覺理解、口語表達、識字、閱讀理解、書寫、數學運算等學習表現有顯著困難，且經確定一般教育所提供之介入，仍難有效改善。

《身心障礙及資賦優異學生鑑定辦法》第十五條

本法第四條第一款所稱一般智能資賦優異，指在記憶、理解、分析、綜合、推理及評鑑等方面，較同年齡者具有卓越潛能或傑出表現者。

前項所定一般智能資賦優異，其鑑定基準依下列各款規定：

一、個別智力測驗評量結果在平均數正二個標準差或百分等級九十七以上。

二、經專家學者、指導教師或家長觀察推薦，並檢附學習特質與表現卓越或傑出等之具體資料。

《身心障礙及資賦優異學生鑑定辦法》第十七條

本法第四條第三款所稱藝術才能資賦優異，指在視覺或表演藝術方面具有卓越潛能或傑出表現者。

前項所定藝術才能資賦優異，其鑑定基準依下列各款規定之一：

一、任一領域藝術性向測驗得分在平均數正二個標準差或百分等級九十七以上，或術科測驗表現優異，並經專家學者、指導教師或家長觀察推薦，及檢附藝術才能特質與表現卓越或傑出等之具體資料。

二、參加政府機關或學術研究機構舉辦之國際性或全國性各該類科競賽表現特別優異，獲前三等獎項。

《特殊教育課程教材教法及評量方式實施辦法》第二條

高級中等以下學校實施特殊教育，應設計適合之課程、教材、教法及評量方式，融入特殊教育學生（以下簡稱學生）個別化教育計畫或個別輔導計畫實施。

特殊教育課程大綱，由中央主管機關視需要訂定，並定期檢討修正。

《特殊教育學生調整入學年齡及修業年限實施辦法》第五條

高級中等以下學校資賦優異學生得依其身心發展狀況、學習需要及其意願，向學校申請縮短修業年限；學生未成年者，由其法定代理人代為申請。

前項縮短修業年限之方式如下：

一、學科成就測驗通過後免修該學科（學習領域）課程。
二、部分學科（學習領域）加速。
三、全部學科（學習領域）同時加速。
四、部分學科（學習領域）跳級。
五、全部學科（學習領域）跳級。

前項第一款至第三款方式，經學校特殊教育推行委員會審議通過後實施，並報主管機關備查；前項第四款及第五款方式，經報鑑輔會審議通過及主管機關核定後實施。

國家圖書館預行編目資料

資優生教養的頭痛問題／王意中著 --初版.
--臺北市：寶瓶文化, 2016. 12
面； 公分. --(catcher ; 85)
ISBN 978-986-406-074-0(平裝)

1. 親職教育 2. 子女教育 3. 親子關係

528. 2 105021707

catcher 085

資優生教養的頭痛問題

作者／王意中 心理師

發行人／張寶琴
社長兼總編輯／朱亞君
副總編輯／張純玲
資深編輯／丁慧瑋 編輯／林婕伃
美術主編／林慧雯
校對／丁慧瑋・陳佩伶・劉素芬・王意中
營銷部主任／林歆婕 業務專員／林裕翔 企劃專員／李祉萱
財務／莊玉萍
出版者／寶瓶文化事業股份有限公司
地址／台北市110信義區基隆路一段180號8樓
電話／(02) 27494988 傳真／(02) 27495072
郵政劃撥／19446403 寶瓶文化事業股份有限公司
印刷廠／世和印製企業有限公司
總經銷／大和書報圖書股份有限公司 電話／(02) 89902588
地址／新北市新莊區五工五路2號 傳真／(02) 22997900
E-mail／aquarius@udngroup.com

法律顧問／理律法律事務所陳長文律師、蔣大中律師
如有破損或裝訂錯誤，請寄回本公司更換
著作完成日期／二〇一六年八月
初版一刷日期／二〇一六年十二月
初版三刷日期／二〇二二年十一月二十九日
ISBN／978-986-406-074-0
定價／三二〇元

AQUARIUS 寶瓶 文化事業

愛書人卡

感謝您熱心的為我們填寫，
對您的意見，我們會認真的加以參考，
希望寶瓶文化推出的每一本書，都能得到您的肯定與永遠的支持。

系列：Catcher 085　**書名：資優生教養的頭痛問題**

1. 姓名：＿＿＿＿＿＿＿＿　性別：□男　□女

2. 生日：＿＿＿年＿＿＿月＿＿＿日

3. 教育程度：□大學以上　□大學　□專科　□高中、高職　□高中職以下

4. 職業：＿＿＿＿＿＿＿＿

5. 聯絡地址：＿＿＿＿＿＿＿＿＿＿＿＿＿＿＿＿

   聯絡電話：＿＿＿＿＿＿＿＿　手機：＿＿＿＿＿＿＿＿

6. E-mail信箱：＿＿＿＿＿＿＿＿＿＿＿＿

   □同意　□不同意　免費獲得寶瓶文化叢書訊息

7. 購買日期：＿＿＿ 年 ＿＿＿ 月 ＿＿＿日

8. 您得知本書的管道：□報紙／雜誌　□電視／電台　□親友介紹　□逛書店　□網路
   □傳單／海報　□廣告　□其他

9. 您在哪裡買到本書：□書店，店名＿＿＿＿＿＿　□劃撥　□現場活動　□贈書
   □網路購書，網站名稱：＿＿＿＿＿＿＿　□其他＿＿＿＿＿＿

10. 對本書的建議：（請填代號　1. 滿意　2. 尚可　3. 再改進，請提供意見）

    內容：＿＿＿＿＿＿＿＿＿＿＿＿

    封面：＿＿＿＿＿＿＿＿＿＿＿＿

    編排：＿＿＿＿＿＿＿＿＿＿＿＿

    其他：＿＿＿＿＿＿＿＿＿＿＿＿

    綜合意見：＿＿＿＿＿＿＿＿＿＿＿＿＿＿＿＿＿＿＿＿

11. 希望我們未來出版哪一類的書籍：＿＿＿＿＿＿＿＿＿＿＿＿＿＿＿＿

讓文字與書寫的聲音大鳴大放

寶瓶文化事業股份有限公司

（請沿此虛線剪下）

廣 告 回 函	
北區郵政管理局登記	
證北台字15345號	
免貼郵票	

寶瓶文化事業股份有限公司 收

110台北市信義區基隆路一段180號8樓

8F,180 KEELUNG RD.,SEC.1,

TAIPEI.(110)TAIWAN R.O.C.

（請沿虛線對折後寄回，或傳真至02-27495072。謝謝）